Lucas e Atos:
uma teologia da história

Teologia lucana

Coleção Bíblia em Comunidade

PRIMEIRA SÉRIE – VISÃO GLOBAL DA BÍBLIA

1. Bíblia, comunicação entre Deus e o povo – Informações gerais
2. Terras bíblicas: encontro de Deus com a humanidade – Terra do povo da Bíblia
3. O povo da Bíblia narra suas origens – Formação do povo
4. As famílias se organizam em busca da sobrevivência – Período tribal
5. O alto preço da prosperidade – Monarquia unida em Israel
6. Em busca de vida, o povo muda a história – Reino de Israel
7. Entre a fé e a fraqueza – Reino de Judá
8. Deus também estava lá – Exílio na Babilônia
9. A comunidade renasce ao redor da Palavra – Período persa
10. Fé bíblica: uma chama brilha no vendaval – Período greco-helenista
11. Sabedoria na resistência – Período romano
12. O eterno entra na história – A terra de Israel no tempo de Jesus
13. A fé nasce e é vivida em comunidade – Comunidades cristãs na terra de Israel
14. Em Jesus, Deus comunica-se com o povo – Comunidades cristãs na diáspora
15. Caminhamos na história de Deus – Comunidades cristãs e sua organização

SEGUNDA SÉRIE – TEOLOGIAS BÍBLICAS

1. Deus ouve o clamor do povo (Teologia do êxodo)
2. Vós sereis o meu povo e eu serei o vosso Deus (Teologia da aliança)
3. Iniciativa de Deus e corresponsabilidade humana (Teologia da graça)
4. O Senhor está neste lugar e eu não sabia (Teologia da presença)
5. Profetas e profetisas na Bíblia (Teologia profética)
6. O Sentido oblativo da vida (Teologia sacerdotal)
7. Faça de sua casa um lugar de encontro de sábios (Teologia sapiencial)
8. Grava-me como selo sobre teu coração (Teologia bíblica feminista)
9. Teologia rabínica (em preparação)
10. Paulo, apóstolo de Jesus Cristo pela vontade de Deus (Teologia paulina)
11. Compaixão, cruz e esperança (Teologia de Marcos)
12. Lucas e Atos: uma teologia da história (Teologia lucana)
13. Ide e fazei discípulos meus todos os povos (Teologia de Mateus)
14. Teologia joanina (em preparação)
15. Eis que faço novas todas as coisas (Teologia apocalíptica)
16. As origens apócrifas do cristianismo (Teologia apócrifa)
17. Teologia da Comunicação (em preparação)
18. Minha alma tem sede de Deus (Teologia da espiritualidade bíblica)

TERCEIRA SÉRIE – BÍBLIA COMO LITERATURA

1. Bíblia e Linguagem: contribuições dos estudos literários (em preparação)
2. Introdução às formas literárias no Primeiro Testamento (em preparação)
3. Introdução ao estudo das formas literárias no Segundo Testamento
4. Introdução ao estudo das Leis na Bíblia
5. Introdução à análise poética de textos bíblicos
6. Introdução à Exegese patrística na Bíblia (em preparação)
7. Método histórico-crítico (em preparação)
8. Análise narrativa da Bíblia
9. Método retórico e outras abordagens (em preparação)

QUARTA SÉRIE – RECURSOS PEDAGÓGICOS

1. O estudo da Bíblia em dinâmicas – Aprofundamento da Visão Global da Bíblia
2. Aprofundamento das teologias bíblicas (em preparação)
3. Aprofundamento da Bíblia como Literatura (em preparação)
4. Pedagogia bíblica
    4.1. Primeira infância: E Deus viu que tudo era bom
    4.2. Segunda Infância (em preparação)
    4.3. Pré-adolescência (em preparação)
    4.4. Adolescência (em preparação)
    4.5. Juventude (em preparação)
5. Modelo de ajuda (em preparação)
6. Mapas e temas bíblicos (em preparação)
7. Metodologia de estudo e pesquisa (em preparação)

Gilvander Luís Moreira, o. carm.

Lucas e Atos: uma teologia da história

Teologia lucana

Teologias bíblicas 12

Dados Internacionais de Catalogação na Publicação (CIP)
(Câmara Brasileira do Livro, SP, Brasil)

Moreira, Gilvander Luís
  Lucas e Atos : uma teologia da história : teologia lucana / Gilvander Luís Moreira. – 2. ed. – São Paulo : Paulinas, 2012. – (Coleção Bíblia em comunidade. Série teologias bíblicas ; 12)

  Bibliografia.
  ISBN 978-85-356-1374-2

  1. Bíblia. N.T. Atos dos Apóstolos – Crítica e interpretação 2. Bíblia. N.T. Lucas – Crítica e interpretação 3. Bíblia. N.T. Lucas – Teologia I. Título. II. Série.

  12-01949   CDD-226.606
                                                     -226.406

Índices para catálogo sistemático:

1. Atos dos Apóstolos : Interpretação e crítica 226.606
2 . Evangelho de Lucas : Interpretação e crítica 226.406

2ª edição – 2012
4ª reimpressão – 2022

Direção-geral: *Flávia Reginatto*
Editora responsável: *Noemi Dariva*
Copidesque: *Anoar Jarbas Provenzi*
Coordenação de revisão: *Andréia Schweitzer*
Revisão: *Mônica Elaine G. S. da Costa*
Direção de arte: *Irma Cipriani*
Gerente de produção: *Felício Calegaro Neto*
Capa e editoração eletrônica: *Telma Custódio*

Nenhuma parte desta obra poderá ser reproduzida ou transmitida por qualquer forma e/ou quaisquer meios (eletrônico ou mecânico, incluindo fotocópia e gravação) ou arquivada em qualquer sistema ou banco de dados sem permissão escrita da Editora. Direitos reservados.

SAB – Serviço de Animação Bíblica
Av. Afonso Pena, 2.142 – Bairro Funcionários
30130-007 – Belo Horizonte – MG
Tel.: (31) 3269-3737 – Fax: (31) 3269-3729
e-mail: sab@paulinas.com.br

Paulinas
Rua Dona Inácia Uchoa, 62
04110-020 – São Paulo – SP (Brasil)
Tel.: (11) 2125-3500
Telemarketing e SAC: 0800-7010081
http://www.paulinas.com.br – editora@paulinas.com.br

©Pia Sociedade Filhas de São Paulo – São Paulo, 2004

Apresentação

Lucas e Atos: uma teologia da história faz parte de um projeto mais amplo de formação bíblica sistemática, para pessoas interessadas em fazer uma caminhada de estudo e aprofundamento da Bíblia. Esse estudo não começa com a obra lucana, mas inicia-se com a primeira série chamada "Visão global da Bíblia". São quinze pequenos fascículos que trazem as grandes etapas da história do povo de Israel, desde as origens até o ano 135 E.C. Eles situam a história do povo no contexto cultural e religioso do Oriente Próximo e os escritos bíblicos que foram surgindo no decorrer de mais de mil anos.

O livro que temos em mãos — *Lucas e Atos: uma teologia da história* — está integrado à segunda série: "Teologias bíblicas". Nesta série vamos aprofundar as diferentes visões ou intuições que esse povo teve sobre Deus e legou-nos por meio dos escritos bíblicos. A abordagem das "Teologias bíblicas" não visa ao estudo da sistematização doutrinal que as denominações religiosas fizeram com base em textos bíblicos, mas à compreensão e à experiência que o povo e as comunidades fizeram à luz da fé em Deus, na sua caminhada do dia a dia. Esta segunda série traz a teologia do êxodo, da aliança, da graça, da presença, profética, sacerdotal, sapiencial, feminista, rabínica, paulina, de Marcos e Mateus, lucana, joanina, apocalíptica, espiritual, apócrifa e da comunicação.

Mesmo depois de uma caminhada de três anos com a "Visão global", e as "Teologias bíblicas", muitas pessoas têm dificuldade para entender os gêneros literários presentes nos textos bíblicos. Por isso, na terceira série, "Palavra: forma e sentido" vamos aprofundar os principais gêneros literários que aparecem nas Escrituras, como: parábola, alegoria, fábula, narrativas com fundo mitológico, narrativas de milagres e outros.

Ao considerar as dificuldades de quem coordena grupos de formação bíblica, o projeto "Bíblia em comunidade" integra uma quarta série "Recursos pedagógicos". São subsídios com dinâmicas de integração e de estudo dos assuntos dos três níveis anteriores: "Visão global da Bíblia", "Teologia bíblicas" e "Bíblia como literatura". São sugestões complementares específicas de cada tema com a indicação de vídeos, filmes, métodos de leitura e análise de textos significativos. Essa série apresenta um modelo de ajuda, por meio da Palavra, facilitando o autoconhecimento e o dos outros, somado ao das comunidades. Traz roteiros para avaliação de conteúdos para quem deseja estudar os temas.

A obra que ora temos em mãos — *Lucas e Atos: uma teologia da história* — apresenta em quatro capítulos uma visão de toda a obra. Inicia-se com questões introdutórias, como autoria, datação, contexto das comunidades subjacentes e a suposta unidade inicial da obra lucana, quando evangelho e Atos formavam juntos uma única obra. Não havia separação entre o evangelho, que retrata a experiência de Jesus (evangelho de Lucas), e a experiência que as primeiras comunidades cristãs fizeram de Jesus (Atos dos Apóstolos). Há uma relação estreita entre o retrato de Jesus apresentado ao longo do evangelho e reproduzido numa releitura fidedigna em personagens centrais da vida das primeiras comunidades, como Estêvão e Paulo.[1]

A intenção do autor é ressaltar as linhas mestras da teologia lucana. O título do livro — *Lucas e Atos: uma teologia da história* — retrata a preocupação que o evangelista tem ao

---

[1] Cf. Lc 23,46.34 com At 7,59.60; Lc 23,33 com At 21,13.

longo do seu escrito. Recorda, inúmeras vezes, a história dos antepassados de Jesus fazendo menção ao caminho de Israel, que corresponde ao Primeiro Testamento, visto como o tempo das promessas de Deus.[2] Mas esse caminho continua em Jesus. Ele é o centro da história. O evangelho de Lucas retrata o caminho de Jesus como tempo de realização das promessas. A palavra "hoje" caracteriza esse tempo: "Hoje se cumpriram... as Escrituras..." (Lc 4,21). "Hoje a salvação entrou nesta casa..." (Lc 19,9). Atos apresenta o caminho da Igreja, como tempo do Espírito Santo que continua presente nela, impulsionando-a para além de Jerusalém, da Judeia e da Samaria "até os confins do mundo" (At 1,8).

O caminho de Israel, o caminho de Jesus e o caminho da Igreja são o caminho da Salvação. Jerusalém é o lugar da convergência de Israel e dos povos (Is 51,17; 60,1-4) no Primeiro Testamento. E para o Segundo Testamento, é o centro predestinado da obra de Salvação (Lc 9,31.51.53), tornando-se o ponto de chegada de Jesus para consumar a obra da Salvação (Lc 17,11; 19,28-38). E para a primeira comunidade cristã, Jerusalém é o ponto de partida para a missão que deve chegar aos confins da terra (At 1,8). Lucas faz, portanto, uma teologia da história que tem suas raízes no passado, no tempo de Israel, o tempo das promessas; chega no seu auge em Jesus, no tempo presente, o tempo da realização das promessas que continuam na Igreja, pela ação do Espírito Santo e se consuma na Parusia, cuja realidade se reflete na parábola das minas (Lc 19,23).

Há outros aspectos importantes, como o tema dos pobres e ricos, da mulher, da oração, da misericórdia praticada por um "certo samaritano que em viagem se aproxima" da realidade do caído e semimorto. Não passa adiante. Não levanta teorias que justificam a exclusão e aliviam a própria consciência. Interrompe

---

[2] Cf. 1,16.54.68.80; 2,25.32.34.

seus planos e deixa-se guiar pelo inesperado. É a atitude de um samaritano rejeitado pelos judeus, mas enaltecido por Jesus, porque viveu em profundidade a compaixão e a misericórdia para com o próximo necessitado. Esse é o modelo a ser imitado: "Vai, e faze também tu o mesmo".

Gilvander Moreira — pelo seu engajamento e compromisso com as Comunidades Eclesiais de Base (CEBs), com as Pastorais Sociais e os Movimentos Populares à procura de uma transformação da realidade sofrida do nosso povo em busca de saúde, moradia, terra, pão, emprego — não mede esforços para somar forças, para viver o ideal de Jesus: "Eu vim para que todos tenham vida, e vida em abundância" (Jo 10,10).

Romi Auth, fsp
Pelo Serviço de Animação Bíblica – SAB

Introdução

No terceiro evangelho canônico,[1] o evangelho de Lucas, e em Atos dos Apóstolos, atribuído ao mesmo autor, existem diversas teologias, mas há uma "Teologia coluna mestra" que percorre toda a obra lucana.[2] A teologia das comunidades de Lucas, expressa no evangelho "de"[3] Lucas e em Atos dos Apóstolos, está subjacente ao modo de o autor organizar sua obra. Ele permeia toda a trama das ações e ensinamentos veiculados ao longo dos vinte e quatro capítulos do evangelho e dos vinte e oito capítulos dos Atos dos Apóstolos.

A teologia de Lucas aparece: na disposição geográfica; na força criadora da Palavra de Deus; na proeminência do Espírito Santo como guia da Palavra de Deus; na humanidade de Jesus, muito voltada para os outros, e na ênfase a temas como compaixão, misericórdia, oração, discipulado, universalismo,

---

[1] Canônico (de cânon, indica uma série de escritos particularmente reconhecidos como autênticos; no caso da Bíblia, trata-se da série de livros considerados de inspiração divina) é o evangelho que faz parte da Bíblia: Mateus, Marcos, Lucas e João. Há muitos outros evangelhos que foram escritos pelas primeiras comunidades cristãs, que não integram a Bíblia. São os evangelhos chamados apócrifos, tais como: evangelho de Maria Madalena, de Tomé, de Pedro, de José, o carpinteiro etc. Cf. FREITAS, Jacir. *Origens apócrifas do cristianismo*. São Paulo, Paulinas, 2003.

[2] Entendemos por "teologia" uma reflexão, um estudo feito com base na fé no Deus da vida, compassivo, misericordioso e libertador, que age na história humana, e com base no clamor dos pobres que lutam em comunidade pela sobrevivência e para responder com a vida ao projeto de Jesus Cristo. Teologia não é somente um discurso sobre Deus — como no sentido clássico; em uma perspectiva libertadora, teologia é uma reflexão sobre qualquer realidade à luz de Deus. Em nosso caso, a luz do Deus da vida, mistério de amor que nos envolve, permeia-nos e inunda-nos (Sl 139,5-16).

[3] Colocamos "de" entre aspas porque o autor principal do evangelho não é o redator final, mas são principalmente as comunidades cristãs que viveram a Boa-Nova transmitida por meio do evangelho.

relacionamento com bens materiais (pobreza *versus* riqueza), liderança feminina nas comunidades cristãs, inculturação, solidariedade gratuita e libertadora.

O autor da obra lucana mostra os acontecimentos ao longo de uma grande caminhada da Galileia a Jerusalém e, de Jerusalém, passando pela Judeia e Samaria, até os confins do mundo: Roma (Espanha?). Assim o autor demonstra o irradiar do movimento missionário, profético e aculturado, movido pela Palavra sob o influxo do Espírito de Deus.

Lucas faz questão de historicizar o evento Cristo. Os relatos são descritos de forma contextualizada, com personagens, datas e testemunhas. Por exemplo, Lucas é o único evangelista a dizer que a Ascensão acontece quarenta dias após a ressurreição e que Pentecostes se dá cinquenta dias após a ressurreição. Assim, grandes períodos litúrgicos do calendário de muitas Igrejas são organizados de acordo com a obra lucana.

A força criadora da Palavra de Deus é outro traço característico da teologia lucana. A "Palavra" para Lucas e Atos não é apenas *logos* (no sentido grego), mas é *dabar* (no sentido hebraico): uma palavra eficaz que organiza o caos, cria vida nova e transforma a realidade, transfigurando-a.

O autor do terceiro evangelho enfatiza a proeminência do Espírito Santo como guia da Palavra de Deus. A comunidade cristã atua não por força própria, mas embalada pelo Espírito Santo. Este mobiliza as melhores energias e forças vitais da pessoa e da comunidade e, por meio da Palavra, gera novas relações, humanizadoras e, por isso, divinas.

Para descobrirmos essa teologia do terceiro evangelho canônico e dos Atos dos Apóstolos é necessário primeiro apresentar a obra de Lucas.

1
A obra lucana: dois volumes inseparáveis

A obra lucana é constituída de dois volumes intrinsecamente unidos: o terceiro evangelho canônico: Lucas[1] (primeiro volume) e Atos (segundo volume). Antes de ser colocados no cânon bíblico, os dois volumes Lucas e Atos constituíam uma única obra. Na organização do cânon bíblico optou-se por colocar juntos os quatro evangelhos. O acréscimo do quarto evangelho, João, acabou separando a obra lucana, criando, assim, à primeira vista, a ideia de que Lucas e Atos são obras distintas e de autores diferentes. Mas Lucas e Atos revelam-se intimamente interligados, completam-se e iluminam-se mutuamente, de tal modo que não se pode compreender bem um sem considerar o outro. Conclui-se que a intenção de Lucas era escrever uma obra em dois volumes.[2] A unidade literária, teológica, de conteúdo e de estilo indica serem do mesmo autor.[3]

A tradição cristã[4] e a crítica moderna atestam que o autor do terceiro evangelho canônico e dos Atos dos Apóstolos é

---

[1] Daqui para a frente, a sigla "Lc" referir-se-á ao evangelho de Lucas, enquanto o nome próprio "Lucas" será usado para referir-se ao autor do terceiro evangelho canônico e dos Atos dos Apóstolos.

[2] Cf. KILGALLEN, J. J. *A Brief Commentary on the Gospel of Luke*. New York, Paulist Press, 1988. p. 1.

[3] O que pode ser comprovado por At 1,1a: "Compus meu primeiro relato...", ao se referir a um primeiro volume. Muitas outras passagens de Lc e At também comprovam a mesma autoria para ambas as obras.

[4] Os testemunhos mais antigos que atribuem a Lucas a autoria do evangelho e de Atos são: o cânon Muratoriano, datado entre 170 e 180; Irineu, no seu livro *Adversus haereses*,

Lucas,[5] cristão da terceira geração de discípulos e discípulas de Jesus Cristo. Fitzmyer chega à seguinte "identidade" de Lucas: ele não é testemunha ocular do ministério público de Jesus, uma vez que afirma depender de fontes seguras e dignas de fé (Lc 1,2); é um bom escritor, conhecedor das técnicas literárias helenísticas e pessoa culta; é provavelmente um cristão convertido do paganismo, originário de Antioquia,[6] e viveu fora da Palestina. Lucas não conheceu Jesus pessoalmente, mas ficou entusiasmado[7] e fascinado pelo Cristo ressuscitado que movia Paulo e as primeiras comunidades cristãs, descritas no livro dos Atos dos Apóstolos. Vibrou com a sensibilidade humana de Jesus, cujas entranhas comovem-se diante de uma mãe que acaba de perder seu filho único e jovem, a viúva de Naim (Lc 7,13), convive com pecadores (Lc 5,29-32; 7,36), com mulheres (Lc 8,2-3), com desprezados, humildes (Lc 10,21), marginalizados e excluídos da sociedade.

Lucas veio da cultura grega ou helenista. Por isso evita tocar em assuntos próprios do mundo judaico, como, por exemplo, a necessidade de lavar mãos, copos, jarras, vasilhas, para livrar-se de qualquer contaminação com o mundo pagão[8] e pecador. Lucas menciona de leve esses assuntos.[9] Ele interpreta a vida,

---

do fim do século II; um antigo manuscrito chamado *Prólogo ao Evangelho*, de data ainda discutida; Tertuliano, na obra *Contra Marcião*, dos anos 207-208 da era cristã. Cf. FITZMYER, J. *El evangelio segun Lucas*. Madrid, Cristandad, 1987. v. 1, pp. 71-81.

[5] A identidade do autor do terceiro evangelho é ainda uma questão discutida. A concepção tradicional considera Lucas um médico (Cl 4,14), companheiro inseparável de Paulo (Fm 24; 2Tm 4,11) nas suas viagens e conforme também as seções em At em que se fala de um "nós": At 6,10-17; 20,5-15; 21,1-18; 27,1-28,16. "Teria acompanhado Paulo nas suas viagens", afirma MOSCONI, L. *Leitura segundo Lucas*. Belo Horizonte, CEBI, 1991. p. 39.

[6] Cf. FITZMYER, *El evangelio segun Lucas*, cit., v. 1, p. 100.

[7] Com Deus dentro de si, ou melhor dizendo, sentindo-se dentro de Deus, inundado pelo mistério da transcendência escondida na imanência.

[8] "Pagão" para nós cristãos é quem não é batizado; para os judeus era quem não era judeu, isto é, circuncidado. A palavra em si não tem nenhum sentido depreciativo. Significa simplesmente quem não era da cultura judaica. Vamos usá-la sem nenhum preconceito.

[9] Lc 11,38, Mc 7,1-13 e Mt 15,1-9.

ações e ensinamentos de Jesus ao longo de uma grande caminhada da Galileia até Jerusalém; ou seja, da periferia ao centro econômico, político, cultural e religioso da Palestina. Atos dos Apóstolos descreve a expansão do Evangelho de Jerusalém até Roma: os confins da Terra[10] (At 1,8). Assim constatamos que, em Atos o Evangelho caminha também da periferia do Império Romano para sua capital, Roma, que era considerada pelos imperialistas o centro do mundo. Para os primeiros cristãos e cristãs o centro do mundo, ponto irradiador da mensagem de Jesus Cristo e de seu movimento, é Jerusalém, cidade periférica em relação ao centro do poder. Lucas propõe uma "revolução copernicana" na forma de encarar a vida e suas estruturas: ele diz que a salvação vem da periferia, dos pequenos e oprimidos, e não dos centros de poder. A Palavra, em Lucas, é a palavra de um leigo, de um camponês galileu, "alguém de Nazaré", pessoa simples, pequena, alguém que vem da grande tribulação. Não é palavra de sumo sacerdote, nem do poder.

Na página seguinte há uma representação gráfica do caminho da Palavra na obra de Lucas: no evangelho de Lucas e em Atos dos Apóstolos. Considere o seguinte para entender o desenho: o círculo é a figura geométrica perfeita para a filosofia grega clássica, pois todos os pontos do círculo estão equidistantes do centro. Na época de Lucas, segundo a cultura helenista, o centro do mundo era a cidade de Roma, a capital do Império Romano. Todas as outras cidades do Império (Jerusalém, Antioquia, Alexandria etc.) eram periféricas em relação a Roma. Mas para o autor da obra lucana, Jerusalém, local da morte e ressurreição de Jesus, é o centro de irradiação da Palavra, pois é capital da Palestina. A cidade de Davi é centro em relação a Nazaré, na Galileia, onde Jesus iniciou sua missão pública.

---

[10] Confins da terra, naquela época, se referia a Roma (ou Espanha?), a capital do Império Romano.

O evangelho "de" Lucas diz: Jesus, cheio do Espírito, em uma proposta periférica alternativa, vai, em uma caminhada, de Nazaré a Jerusalém; ou seja, vai da periferia para o centro, caminhando no Espírito. O evangelho "de" Lucas é organizado como uma grande viagem, de Jesus e seu movimento, subindo para Jerusalém, onde acontece um confronto entre o projeto de Jesus e o projeto oficial. Este último tenta matar o projeto de Jesus (e de seu movimento) condenando-o à morte na cruz. Mas o Espírito é mais forte que a morte. Jesus ressuscita. No final do evangelho "de" Lucas, Jesus diz aos discípulos: "Permaneçam em Jerusalém até a vinda do Espírito Santo" (Lc 24,49). Assim, a comunidade cristã, testemunha da ressurreição de Jesus e cheia do Espírito Santo, vai levar a Palavra de Jerusalém a Roma, o coração do Império. Assim a Palavra faz caminho da periferia do Império Romano até o seu centro, a cidade de Roma. Quando o apóstolo Paulo, cheio do Espírito Santo, chega em Roma, como prisioneiro, o livro dos Atos dos Apóstolos termina.

O CAMINHO DA PALAVRA NA OBRA LUCANA:

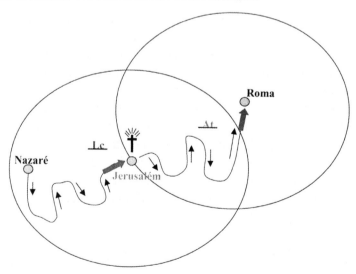

Quando, onde e em que língua Lucas escreveu?

O lugar e a data de composição de Lucas[11] e Atos são ainda hoje objeto de grande discussão entre os exegetas. O mais provável é que eles tenham sido escritos entre quarenta e sete e cinquenta e dois anos depois da execução de Jesus, entre os anos 80 e 90 E.C.[12] A obra lucana testemunha a primeira inculturação da fé cristã, ou seja, a Boa-Notícia anunciada por Jesus Cristo aos pobres (Lc 4,18-19) encarna--se na cultura helenística. A obra lucana foi escrita provavelmente em uma — ou mais de uma — grande cidade marcada pela cultura grega e ligada à estrutura do Império Romano: Antioquia da Síria (cidade de 700 mil habitantes); Éfeso, na Ásia Menor (400 mil habitantes); e/ou Corinto, na Grécia[13] (500 mil habitantes).

Lucas escreveu em grego clássico a introdução geral à sua obra (1,1-4),[14] e todo o seu evangelho está em um grego elegante, que se aproxima do grego da Septuaginta[15] e algumas vezes da *koiné*, o grego comum falado na época de Jesus. O

---

[11] Alguns biblistas afirmam que nós podemos somente imaginar. Outros exegetas assumem esse risco. Por exemplo, Ernst propôs os anos 70 e 80, mas se recusa a precisar o lugar onde Lc foi escrito; indica vagamente lugares possíveis: Acaia, Decápole, Ásia Menor e Roma, cf. ERNST, J. *Il vangelo secondo Luca*. Brescia, Paideia, 1985. v. 1 (1,1–9,50), p. 45; BOCK, D. L. *Luke*. Michigan, Ed. Grand Rapids, 1994. v. 1, p. 16. A imensa distância entre essas duas datas testemunha a dificuldade de fazê-lo "com provas seguras".

[12] Cf. SPINETOLI, O. da *Luca*; il vangelo dei poveri. Assisi, Cittadella, 1982. p. 39; BOVON, F. *L'Evangile de Luc 1–9*. Paris, Du Cerf, 1993. p. 12. GEORGE, A. *Études sur l'œuvre de Luc*. Paris, Gabalda, 1978. pp. 11-13.

[13] MOSCONI, *Lucas...*, cit., p. 32. Quanto ao lugar, citamos Spinetoli: "Permanece todavia provável que se trate de alguma localidade do Mediterrâneo oriental, embora não seja possível precisar qual ela seja. Quase seguramente devem ser excluídos a Palestina e territórios próximos". SPINETOLI, *Luca*, cit., p. 39.

[14] Lc 1,1-4 não é introdução somente ao evangelho, mas a toda a obra de Lucas (Lc e At).

[15] Trata-se da tradução grega da Bíblia, feita diretamente dos manuscritos em hebraico e aramaico, com acréscimo de livros originalmente escritos em grego.

grego do evangelho de Lucas é mais bem elaborado do que o do evangelho de Marcos.

Composição do evangelho de Lucas

Para a composição do seu evangelho e dos Atos dos Apóstolos, Lucas conheceu e serviu-se de várias fontes. Já no prólogo geral à sua obra (Lc 1,1-4), Lucas diz que não foi o primeiro a empreender a tarefa de escrever sobre a vida de Jesus de Nazaré (Lc 1,1) e afirma estar bem informado e com documentação segura.

A determinação da identidade das fontes lucanas é algo bastante discutível. Seriam elas escritas e/ou orais? Como Lucas se serviu delas? Sem entrar na discussão,[16] apresentamos aqui a teoria que não somente é seguida pela maioria dos exegetas, mas que também explica melhor a composição do evangelho de Lucas pela sua simplicidade e clareza.

Fontes de Lucas

Para escrever o seu evangelho, Lucas bebeu em três fontes:

1) evangelho de Marcos

2) fonte "Q"

3) fonte "L"[17]

---

[16] Esse problema é amplamente tratado em FITZMYER, *Lucas...*, cit., v. 1, pp. 121-170, do qual dependemos também na exposição da hipótese seguinte. Para uma visão um pouco diferente, cf. BOCK, *Luke*, cit., v. 1, pp. 1-16.

[17] "L" significa fonte(s) própria(s) de Lucas. As passagens exclusivas de Lucas que não encontram paralelos nos demais sinópticos (Marcos e Mateus) pertencem a essa fonte. Por exemplo, Lc 9,51–18,14 pertence a L. Além dessa teoria, mencionamos duas outras que têm algum suporte: uma elaborada por Griesbach, segundo a qual o evangelho de Mateus estaria na base do evangelho de Lucas; outra pretende que Lucas ter-se-ia informado junto aos primeiros testemunhos, dignos de fé, como por exemplo Paulo, Maria, a

A geografia e a cronologia do evangelho "de" Lucas são basicamente as mesmas do evangelho de Marcos. Lucas segue em essência a ordem dos episódios[18] apresentados por Marcos, corrigindo-os e reelaborando-os segundo sua intenção teológica e as necessidades dos destinatários. Quando Lucas segue Marcos, aparecem muito mais semelhanças do que diferenças. Por exemplo, Lc 20,1–21,33 e Mc 11,27–13,31.[19]

Lucas é o mais longo dos evangelhos: são 1.149 versículos, com 24 capítulos. (Os 28 capítulos de Mateus com frequência nos levam a concluir que ele seja o maior evangelho, mas na verdade contém 1.087 versículos.) Dos 1.149 versículos de Lucas, 380 são provenientes de Marcos.

A existência da fonte "Q" explica a semelhança surpreendente, mesmo em detalhes, de certas passagens que são comuns ao evangelho "de" Lucas e ao evangelho "de" Mateus, mas que não existem em Marcos.[20] Provavelmente Lucas e Mateus utilizaram a mesma fonte, mas de forma independente. Dos versículos, 230 são comuns a Lucas e Mateus, e não existem em Marcos; têm origem em "Q". Se "Q" fosse somente uma tradição oral, haveria maiores diferenças entre as passagens de Lucas e de Mateus.

---

mãe de Jesus, e os parentes próximos deste último. Cf. KILGALLEN, *A Brief Commentary on the Gospel of Luke*, cit., pp. 10-11. O problema de fundo foi longamente exposto por MONASTERIO R. A. & CARMONA, A. R. *Evangelios sinópticos y Hechos de los Apóstoles*. Stella (Navarra), Ed. Verbo Divino, 1992. pp. 61-72.

[18] Entre outros *Mc* 1,1-15 = *Lc* 3,1–4,15; *Mc* 1,21–3,19 = *Lc* 4,3–6,9; *Mc* 4,1–9,40 = *Lc* 8,4–9,50; *Mc* 10,3–13,32; *Mc* 14,1–16,8 = *Lc* 22,1–24,12. Cf. FITZMYER, *Lucas*..., cit., v. 1, pp. 123-124.

[19] Nessa grande seção de Mc, das treze narrativas, Lucas segue doze, deixando de fora somente Mc 12,28-34, exatamente porque já tinha encontrado (ou formulado) uma outra versão que atendia mais à sua perspectiva teológica, segundo a qual Jesus não exclui ninguém, é "universalista".

[20] Da fonte "Q" podemos citar algumas passagens: *Lc* 3,7-9 = *Mt* 3,7b-10; *Lc* 10,13-15 = *Mt* 11,21-23; *Lc* 13,24-29 = *Mt* 7,13-14; 25,10-12; 7,22-23; 8,11-12; *Lc* 14,16-21 = *Mt* 22,2-10; *Lc* 15,4-7 = *Mt* 18,12-14.

A fonte "L", própria de Lucas, ocupa a terça parte do evangelho (548 versículos). É difícil saber se a fonte "L" é oral ou escrita. Pode ser parte escrita e parte oral, pode ser composição[21] própria de Lucas. Ele a utilizou para levantar informações sobre a personalidade de Jesus e sobre como sobreviviam na memória das comunidades primitivas.

E as fontes para Atos? Para escrever os Atos dos Apóstolos, Lucas certamente teve acesso a muitos documentos escritos e a muita tradição oral. Ele conheceu fontes palestinenses e helenísticas, fontes da Igreja de Antioquia, ligadas às missões do apóstolo Paulo, e outras difíceis de ser identificadas. Como hábil escritor, costurou os dados fazendo uma composição que atendesse à sua intenção teológica e, muitas vezes, uniu em um mesmo relato questões diversas apresentadas por fontes diversas (At 6,1-7; 15,1-35).

Estilo de Lucas

Enquanto a forma linguística de Marcos é rude e pouco elaborada, o autor da obra lucana, com seu estilo, melhora em muito o relato marcano. E faz isso, por exemplo: eliminando imprecisões nos termos usados por Marcos (enquanto Mc 4,1 fala de *mar*, Lc 5,1 fala de *lago* para referir-se ao lago da Galileia; Mc 6,14 chama Herodes de *rei*, enquanto Lc 9,7 corrige para *tetrarca*) e criando um cenário como pano de fundo para apresentar as suas narrativas (compare a vocação dos quatro primeiros discípulos em Mc 1,16-20 e em Lc 5,1-11).

Lucas revela pouca familiaridade com a geografia da Palestina. É difícil identificar com exatidão algumas localidades

---

[21] Deve-se distinguir entre "composição" e "redação". Quando se trata de retoque ou modificação introduzidos por Lucas em materiais herdados de suas próprias fontes, é *redação* e *composição;* portanto, é criação própria de Lucas.

e paisagens. Ele confunde a Judeia com a Galileia (Lc 4,44 e Mc 1,39). Naim fica na Galileia, mas Lucas insinua que está na Judeia (Lc 7,17; 23,5; At 10,37; 28,21). A viagem para Jerusalém (Lc 9,51–19,27) segue um caminho bem complicado (compare com Lc 17,11).

Para quem Lucas escreve?

Lucas escreve prioritariamente a cristãos oriundos do mundo pagão, para comunidades mistas formadas de pessoas vindas do judaísmo helenístico e para pessoas vindas do paganismo, de fora da Palestina, em ambiente gentio, na diáspora. Essa afirmação pode ser constatada pelo nome grego do destinatário: Teófilo; pelo cancelamento, nas fontes, de assuntos que dizem respeito exclusivamente aos judeus (pureza/impureza); pela substituição de nomes judeus por nomes gregos (*epistatēs* = mestre, e não *rabbi/rabbouni*); pela ampliação da genealogia de Jesus até Adão e, também, até Deus, não somente até Abraão, como em Mt; citações do Primeiro Testamento segundo a LXX[22] e outros.

Intenção de Lucas

O prólogo do evangelho "de" Lucas, que está em 1,1-4, introduz não apenas o evangelho, mas toda a obra lucana. Aí está a intenção de Lucas: "Dar solidez (*aspháleia* = "garantia", "segurança", "solidez") a Teófilo".

Lucas não tem a preocupação de apresentar o evangelho como primeiro anúncio, mas dirige-se a comunidades que já receberam a primeira evangelização. O termo grego *aspháleia* é enfático, e não primordialmente apologético como alguns

---

[22] A tradução dos Setenta (LXX) é a mesma Septuaginta: a Bíblia grega.

pensam; a ênfase em "solidez" refere-se fundamentalmente a um aspecto do ensinamento eclesial do tempo de Lucas. As comunidades eram questionadas quanto à sua legitimidade, se seriam ou não herdeiras legítimas das comunidades do Primeiro Testamento. Lucas queria dizer que a prática das comunidades do seu tempo estava enraizada no próprio "tempo de Jesus". Ou seja, a prática das primeiras comunidades era legítima, pois correspondia aos ensinamentos e ações de Jesus. Lucas quer explicar como a salvação de Deus, enviada primeiro a Israel na pessoa e prática de Jesus, difundiu-se como Palavra de Deus, superando a lei, atingindo os gentios "até os confins da terra": Roma (At 1,8). Relacionando Lc 1,1-4 com At 1,1.8, constatamos que a obra lucana é de edificação, é para fortalecer a convicção e aprofundar a fé em Jesus Cristo e no seu projeto. Lucas afirma a continuidade e a consonância entre o Primeiro Testamento, Jesus, Pedro e Paulo, e defende que as primeiras comunidades cristãs são herdeiras legítimas de Jesus de Nazaré (e do seu movimento) e do povo de Deus do Primeiro Testamento.

Lucas cita o Primeiro Testamento como "tipo"[23] de Jesus Cristo e das comunidades cristãs e por isso alguns dizem que o evangelho de Lucas e os Atos dos Apóstolos estão em uma relação de "promessa e cumprimento": o evangelho de Lucas anuncia aquilo que será concretizado nos Atos dos Apóstolos.[24]

Quando Lucas escreveu o terceiro evangelho, já estava com Atos na cabeça, pois no primeiro livro indica aspectos que

---

[23] *Tipo*, modelo, protótipo de origem a um método de interpretação conhecido como tipologia. Este se move sobre uma linha dividida em três períodos, em que o Primeiro Testamento constitui o "modelo" do Segundo Testamento, e este "anuncia" a Escatologia. As pessoas, os lugares e os acontecimentos do Primeiro Testamento são *um tipo, um modelo, um protótipo* de pessoas, acontecimentos e espaços do Segundo Testamento (ex: Abraão prefigura Cristo; o Êxodo, a redenção; Eva, Maria; Jerusalém, a Igreja etc.). E as realidades do Segundo Testamento "prefiguram", por sua vez, as realidades escatológicas.

[24] Cf. Lc 1,16.54.68.80; 2,25.32.34; 4,25.27; 7,9; 22,30; 24,2.

se concretizarão no segundo. Por exemplo, em Lc 2,30-32, pela primeira vez afirma que Jesus será "luz para as nações". Ainda antes da missão pública de Jesus, assinala que "toda carne verá a salvação..." (Lc 3,6), anunciando que a ação de Jesus trará a salvação de Deus, superará barreiras, transporá fronteiras, romperá limites. Em At 10,1-48, em que o Evangelho é acolhido por Cornélio e sua casa, testemunha o projeto de Jesus transformando-se em luz para outras nações. Com a chegada do apóstolo Paulo a Roma, "toda a carne" vê a salvação, isto é, todas as culturas e povos são banhados pelo Espírito de Deus.

As comunidades nascentes do século I são predominantemente de origem judaica, mas acolhem os gentios, abrindo mão assim de muitas práticas específicas da tradição, como, por exemplo, as regras alimentares, as regras de purificação e a circuncisão.

Esquema do evangelho de Lucas

A existência de várias fontes[25] em Lucas dificulta um pouco a reconstrução de seu plano. Lucas é reconhecido como grande teólogo e como gênio literário.[26] Ele não se contenta em colocar os episódios um ao lado do outro, copiando de modo mecânico as fontes, mas organiza a narração conforme seu propósito teológico. A maioria dos exegetas de Lucas não tem uma preocupação obsessiva para encontrar a estrutura literária da obra lucana. Alguns biblistas reconhecem um certo plano no evangelho e em Atos;[27] outros exegetas preferem falar de

---

[25] Lucas, provavelmente, lamentava-se por haver um excesso de fontes e não pela escassez delas.

[26] Cf. MONASTERIO & CARMONA, *Evangelios sinópticos...*, cit., p. 291.

[27] Nolland oferece somente grandes linhas na sua introdução ao primeiro volume lucano e não fala mais de plano geral. Cf. NOLLAND, J. *Luke 1–9,20*. Dallas, Word Books, 1989. p. 41. Ver também COUSIN, H. *L'Evangile de Luc*. Paris, Centurion, 1993. p. 12.

"partes distintas"; outros ainda tentam definir a estrutura ou a construção de Lucas,[28] mas não estão de acordo quanto ao princípio organizador do terceiro evangelho. Para alguns estudiosos da obra lucana, é a geografia[29] que dá uma orientação a Lucas; para outros, é a disposição das suas fontes ou a sua teologia.[30] Provavelmente, é no conjunto que reúne geografia, fontes e intenção teológica que Lucas constrói o seu evangelho. Parece-nos sensato dizer que o Evangelho "de" Lucas é construído em diversos episódios, apresentados no seguinte plano:

Lc 1,1-4: Prólogo geral da obra lucana. Aí temos uma declaração de intenções. Lucas manifesta o que pretende com sua narração dos fatos e ensinamentos de Jesus: um relato fidedigno e fundamentado, com uma dedicatória a Teófilo.

Lc 1,5–2,52: Relatos das infâncias. Versam sobre o nascimento e infância de João Batista e de Jesus. A narração se dá em um paralelo entre o nascimento e infância de João Batista e o nascimento e infância de Jesus. Em sete retratos, os dois primeiros capítulos do evangelho de Lucas estabelecem uma comparação entre Jesus e João Batista, mostrando sempre a superioridade de Jesus em relação ao profeta seu precursor. Por exemplo, João batiza com água, enquanto Jesus batizará no Espírito e no fogo. Zacarias fica mudo ao receber o anúncio do anjo, enquanto Maria aceita e demonstra solidariedade.

Lc 3,1–4,13: Preparação do ministério público de Jesus. Apresenta a pregação e prisão de João Batista, como prelúdio dos acontecimentos que dão início ao ministério público de Jesus.

---

[28] Cf. GEORGE, A. Tradition et rédaction chez Luc. La construction du troisième évangile. *ETL* 43, 1967, pp. 100-129.

[29] BOCK, *Luke*, cit., v. 1, p. 20.

[30] Prete propõe que a estrutura de Lc seja uma combinação de um quadro teológico-geográfico. Cf. PRETE, B. *L'Opera di Luca*; contenuti e prospettive. Torino, Elle Di Ci, 1986. p. 62.

Lc 4,14–9,50: Ministério de Jesus na Galileia. A terra dos galileus é apresentada como o campo de treinamento dos discípulos. Eles serão quem dará testemunho do Mestre. A Galileia é vista como o ponto de partida do grande "êxodo" de Jesus rumo à Ressurreição e Ascensão, passando pelo grande confronto da morte em Jerusalém. Nessa parte Lucas inseriu na narração do evangelho de Marcos um trecho relativamente grande de episódios de sua própria autoria (ou de uma fonte diversa da de Marcos), uma interpolação[31] (6,20–8,3), que é chamada por muitos biblistas de "a menor interpolação lucana".

Lc 9,51–19,27: Relato da viagem de Jesus para Jerusalém. Ao longo de quase dez capítulos, o autor da obra relata, em uma típica apresentação lucana, o "êxodo" (= saída, subida) de Jesus como uma grande viagem, a qual vai da Galileia a Jerusalém. Bem mais ampliado do que nos outros evangelhos sinóticos,[32] o relato ocupa a seção central do evangelho. O trecho de Lc 9,51–18,14 é próprio de Lucas; o restante (Lc 18,15–19,27) provém do evangelho de Marcos e é semelhante à descrição do evangelho de Mateus.

Lc 19,28–21,38: Ministério de Jesus em Jerusalém. Inicia-se com a entrada majestosa de Jesus na cidade na qual consumará o seu "destino"; marca o começo do seu ministério no templo de Jerusalém, antes dos acontecimentos que porão fim à sua vida terrena.

Lc 22,1–23,56a: Relato da paixão. Apresenta de forma detalhada os relatos sobre o processo e condenação de Jesus à

---

[31] "Interpolação" quer dizer que Lucas rompeu a ordem que vinha seguindo da fonte Marcos e colocou uma série de episódios da sua fonte própria ou de sua própria composição.

[32] Evangelhos sinóticos são os de Mateus, Marcos e Lucas. Sinopse, ou sinótico, vem do grego e significa "um olhar de conjunto", pois coloca em colunas paralelas os textos iguais, ou quase iguais. Muitas sinopses atuais colocam na quarta coluna muitos textos de João que apresentam semelhanças com os outros três evangelhos.

pena capital. Em dois capítulos, aparece o clímax do "êxodo" de Jesus, no qual começa sua "ascensão" ao Pai.

Lc 23,56b–24,53: Relatos da ressurreição. Mostram a exaltação de Jesus, o qual experimenta sua própria glorificação, envia oficialmente seus discípulos como testemunhas de sua pessoa e do seu projeto, e é elevado ao céu.

Esquema panorâmico dos Atos dos Apóstolos

A estrutura de um livro revela, sem dúvida, algo da intenção do autor. Além disso, também nos ajuda a ver as grandes linhas da obra. Há quatro possibilidades básicas para percebermos o esquema estrutural dos Atos dos Apóstolos:

Na primeira possibilidade há uma progressiva expansão geográfica da Palavra começando em Jerusalém, na Judeia, passando por Samaria e pela Galileia, e chegando aos confins da terra. O livro de Atos tem como objetivo mostrar como o anúncio da Boa-Notícia chega aos confins da terra, isto é, a Roma (e, talvez, Espanha; cf. Rm 15,24.28). Desse modo, podemos fazer uma primeira divisão do texto, levando em consideração a práxis da comunidade cristã, em Jerusalém e na Judeia, de um lado, e fora do ambiente da terra de Israel, do outro lado. Assim poderíamos dividir Atos em duas partes: primeira parte: At 1,1–12,25; segunda parte: At 13,1–28,31. O divisor de águas estaria em At 13,1.

Na segunda possibilidade o anúncio da Boa-Nova aos pobres começa entre os judeus e chega aos pagãos. Na primeira parte, nos nove primeiros capítulos de Atos, aparece a atuação da comunidade cristã entre os judeus. At 10,1 narra o encontro de Pedro com Cornélio: o começo da aceitação da pregação apostólica por parte dos gentios. Segundo essa proposta, a primeira parte corresponde a At 1–9, enquanto a segunda parte, a At 10–28.

Uma terceira possibilidade estrutura o livro dos Atos dos Apóstolos também em duas partes: a primeira seria At 1,1–15,35 — tendo como divisor de águas a Assembleia dos Apóstolos em Jerusalém. A segunda compreenderia a atividade missionária de Paulo e seus companheiros(as) em At 15,36–28,31.

Uma quarta possibilidade na organização do livro dos Atos dos Apóstolos é baseada na importância da ação do Espírito Santo. O segundo volume da obra lucana já foi chamado, muitas vezes, de o "Evangelho do Espírito Santo". Esse título serve para uma estruturação do texto e apresenta-nos três grandes blocos: a) a atuação do Espírito Santo em Jerusalém entre os judeus (At 1,6–9,43); b) a atuação do Espírito Santo na Galileia e Samaria com a conversão de Cornélio (At 10,1–15,35); c) a atuação do Espírito Santo entre os gentios na diáspora (At 15,36–28,31). É importante notar que nos três blocos narra-se a vinda do Espírito Santo sobre as pessoas (reunidas em comunidades) e proclamam-se os grandes feitos de Deus e o batismo de novos adeptos do Evangelho.[33]

Existe ainda um outro elemento que pode servir como bússola na leitura de Atos. Trata-se da série de "sumários" que falam da vida da comunidade, mais especialmente do crescimento do número de fiéis e da expansão da Palavra.[34]

As diferenças de estilo traçam uma divisória perfeitamente nítida não só entre o prólogo da obra lucana e os relatos da infância, mas também entre o prólogo (Lc 1,1-4) e todo o resto da narração evangélica. O prólogo — Lc 1,1-4 — foi escrito em um grego elevado e erudito, com períodos longos e frases complexas. O restante do evangelho foi escrito em um grego

---

[33] At 2,4.37-38; 10,44-48; 19,5-6.
[34] At 2,47; 4,31; 6,7; 9,31; 12,24; 16,5; 19,20; 28,30-31.

simples e popular. Muitos episódios lucanos seguem decididamente a ordem estabelecida por Marcos. Em Lc 9,51 inicia-se uma inserção lucana (a grande viagem para Jerusalém) que vai como um bloco narrativo até Lc 18,14, versículo em que Lucas volta a seguir a ordem de Marcos.

A perícope[35] de Lc 4,16-30 narra a apresentação do programa de Jesus na sinagoga de Nazaré e a rejeição desse mesmo programa pelos conterrâneos de Jesus. Esse episódio de Nazaré parece ter função simbólica com respeito a todo o desenvolvimento posterior do relato evangélico. A perícope de Lc 4,16-30 é uma síntese de todo o evangelho; de forma sucinta, preanuncia tudo o que acontecerá com Jesus. O evangelho de Marcos situa a presença de Jesus em uma sinagoga de Nazaré somente em Mc 6,1-6. No relato evangélico, Lucas antecipa a ida de Jesus a Nazaré e o faz começar aí seu ministério público, sem ter ido ainda a Cafarnaum, quando em Lc 4,23 o povo reivindica que Jesus faça os milagres que ele fez em Cafarnaum. Isso revela uma contradição no texto. Só pode ter acontecido porque Lucas antecipou o episódio de Mc 6,1-6, o que faz parte do interesse teológico do autor, pois a presença de Jesus na sinagoga de Nazaré revela o seu programa, a missão que desenvolverá em sua vida pública. Marcos coloca a visita de Jesus a Nazaré (Mc 6,1-6) depois da apresentação dos milagres feitos por Jesus em Cafarnaum, numa lógica coerente. Mas qual é o rosto das comunidades subjacentes à obra lucana?

---

[35] Perícope é uma palavra da língua grega. Significa cortar ao redor de, ou seja, cortar ao redor de um texto que traz uma unidade textual, com início, meio e fim. É o que na linguagem comum chamamos de "um texto bíblico" coerente, que contém um pensamento completo. Por isso, não se trata de uma parte qualquer de um texto tomado aleatoriamente, mas de um texto que pode ser entendido em si mesmo, pois apresenta os mesmos personagens, trata do mesmo tema e não apresenta grandes variações de tempo e lugar.

Algumas características das comunidades de Lucas

As comunidades de Lucas apresentam um novo rosto, diferente do das comunidades da Judeia, da Samaria e da Galileia, de cunho mais rural. São *comunidades urbanas*.

No evangelho de Lucas, a palavra grega *pólis* (= "cidade-Estado" na Grécia antiga) aparece 40 vezes; em Mateus, 26; e em Marcos, 8. Nos evangelhos sinóticos, o ensinamento é realizado, predominantemente, com base em imagens da natureza, do campo e do trabalho rural (cf. ovelhas, videira, semente, semeador, pastor, etc.). No livro dos Atos, essas imagens não aparecem. Isso dá a entender que são comunidades mais urbanas. De fato, no livro dos Atos dos Apóstolos, a palavra cidade aparece 42 vezes.

• *Comunidades de pobres com alguns ricos*. Há um contraste que aparece sobretudo no evangelho "de" Lucas: de um lado os pobres, famintos, perseguidos, aflitos (Lc 6,20-23) e do outro, os ricos (Lc 12,16-21) que se banqueteiam sem se preocupar com a miséria (Lc 16,19-31). Para as comunidades lucanas era importante "não dar murro em ponta de faca". Melhor infiltrar-se do que confrontar-se com força muitíssimo superior. Lucas é intransigente em face da opressão econômica e quanto à exigência ética do cristianismo, mas, para fazê-la prevalecer, não se nega ao diálogo cultural e político, a fim de canalizar para o bem a força histórica do mal. Lucas percebeu, muito antes de Paulo Freire, que a melhor forma de amar os opressores é tirar das mãos deles as armas da opressão.

• *Comunidades nas quais há cristãos que continuam ligados às instituições do Império Romano* (Lc 7,1-10). Lucas não quer complicar ainda mais a situação dos cristãos que já estavam sendo perseguidos quando a primeira parte da sua obra fora escrita. Ele demonstra simpatia pelos romanos ao dar a entender que a própria condenação de Jesus foi motivada pela ignorância romana.[36]

• *Comunidades que revelam um contexto patriarcal e machista.* As mulheres, de uma forma geral, eram desprezadas e marginalizadas na sociedade. Mas no evangelho "de" Lucas, Jesus dá atenção à mulher,[37] valoriza sua presença e atuação na comunidade. "Na narração do nascimento de João Batista e de Jesus (Lc 1,5–2,52) rompe-se o padrão que colocava o homem em primeiro plano e que deixava à margem tanto a mulher como a criança. Nessas narrativas, as crianças são apresentadas com a presença atuante de suas mães. Elas é que são protagonistas da novidade, anunciadoras das 'grandes coisas que o Poderoso fez' (Lc 1,49),[38] mesmo vivendo em um contexto patriarcal e machista".

• *Comunidades com pessoas cansadas, medrosas, desanimadas e perdidas por causa da situação na qual viviam (Lc 24,13-24).* Os cristãos são uma minoria perdida no meio de um imenso império, nas periferias das grandes cidades. Uns começam a abandonar a comunidade; outros duvidam que Jesus seja Salvador e têm dificuldade de acreditar que seja possível viver em fraternidade e resistir ao império com suas seduções opressoras.

• *Comunidades com diversidade de dons os quais se articulavam por meio do cimento da solidariedade.* Isso é ótimo, pois o Espírito não se deixa encurralar e não aceita ser engaiolado; sopra onde quer, como quer; é livre e liberta. Paulo reitera diversas vezes: "Não percam a liberdade cristã!"

---

[36] Cf. Lc 23,34; At 3,17; 7,60; 13,27; 16,29-40; 18,12-17.
[37] Cf. Lc 7,36-50; 8,1-3; 10,38-42; 13,10-17; 15,8-10.
[38] VASCONCELLOS, P. L. *A Boa Notícia segundo a comunidade de Lucas.* São Leopoldo, CEBI, 1998. p. 37. (Coleção A Palavra na Vida 123/124.)

(2Cor 3,17); "Não entristeçam o Espírito Santo!" (Ef 4,30). Essas comunidades não estavam isentas de dificuldades.

Dificuldades internas e externas que afetavam as comunidades

As comunidades cristãs desse período viveram uma grande crise por causa de seu rompimento com os judeus. Em 85 E.C., na assembleia de Jâmnia, os fariseus decretaram a *expulsão* dos judeus que haviam aderido a Jesus como sendo Cristo e ao seu projeto, *embora os judeu-cristãos continuassem frequentando as sinagogas*. Os atritos com judeus fiéis à sinagoga contribuíram para o insucesso missionário cristão junto a eles na diáspora, por isso, reforçaram o trabalho com os gentios. A inculturação dos cristãos judeus em ambiente pagão foi um enorme desafio, como se percebe nas comunidades paulinas. Havia muitos problemas no meio das comunidades: ora porque um dos cônjuges ou membro familiar se convertia à fé cristã; (cf. 1Cor 7,12-16); ora pela diversidade de tendências na evangelização entre cristãos judeus e cristãos gentios (cf. At 7); ora pelo conflito entre os líderes, por exemplo, entre Paulo e Pedro em Antioquia (Gl 2,14); ora por causa dos "falsos irmãos"; ora por causa dos judaizantes (Gl 2,4); ora porque uns aderiam a Paulo, outros a Pedro, outros a Apolo. Havia, portanto, divisões e rixas entre os membros das comunidades (cf. 1Cor 1,11-13).

• *Dificuldade de conviver de modo sadio com a diversidade de dons.* Lucas sabia que Paulo havia pontuado bem a diversidade de dons, recordando que existe uma ordem de importância. A comunidade cristã não pode cair no relativismo de "tudo é igual a tudo", ou no "devemos respeitar tudo". Para Paulo, em primeiro lugar estão os apóstolos; em segundo lugar, os profetas; em terceiro, os mestres; e somente, em último lugar, os que falam em línguas. Paulo nos alerta: "Desejem os dons do Espírito, principalmente a profecia, pois *quem profetiza fala às pessoas, é entendido, edifica, exorta e consola a comunidade.* Aquele que profetiza é maior do que aquele que fala em línguas. Quem fala em línguas edifica somente a si mesmo, fala só a Deus" (1Cor 14,1-6).

• *Modo diferente de conceber e exercer a autoridade*[39] *entre os cristãos vindos do judaísmo e do helenismo (grego).* Para os judeus, a autoridade se baseia no argumento da tradição (1Cor 15,3; 11,16.23). "O que nossos pais nos contaram" tem grande autoridade. Esta se dá pela experiência vivida. Assim, os idosos são respeitados, pois são considerados sábios. Vale mais a prática. Mas, para o mundo helenista, influenciado pela filosofia clássica grega, a autoridade se dá pela participação e discussão nas assembleias: quem apresenta os melhores argumentos teóricos tem maior autoridade.

Não faltaram também as dificuldades externas, fruto da perseguição do Império Romano como no tempo do imperador César Nero (54-68), que explodiu na Revolta Judaica e culminou na destruição de Jerusalém e do templo no ano 70 E.C. Os cristãos, depois dessa catástrofe e sendo apenas alguns milhares perdidos no meio de um enorme império, não podiam enfrentar o opressor; o jeito era infiltrar-se como "cupim debaixo da ponte". No tempo do imperador Nero houve

---

[39] O termo "autoridade" deriva do latino *augere*, palavra com a mesma raiz do grego *auxanein*, que significa "fazer crescer". O sentido originário da autoridade é o crescimento, um dinamismo que cria, promove e completa os vínculos que unem as pessoas. Karl Jaspers analisa: *"Auctoritas* é a força que serve para sustentar e fazer crescer". Então, etimologicamente, *auctoritas* é a força necessária para sustentar (apoiar) e fazer crescer. Logo o objetivo da autoridade é o crescimento do outro de modo orgânico. Nesse sentido, Deus, sendo amor e doação pura e permanente, é a fonte da autoridade e de um caminho que vai sempre na direção da alteridade, do sair de si e rumar em direção ao outro.

a primeira grande perseguição aos cristãos. Depois de um pequeno período, o imperador Domiciano promoveu a segunda perseguição aos cristãos.

É bom recordar um pouco como eram as entranhas do Império Romano. Um líder popular da Bretanha chamado *Calgaco* testemunhou assim sobre os romanos:

> Saquear, assassinar, assaltar, tudo isso eles designam com o nome falso de soberania (*imperium*), e onde criam um deserto, dão-lhe o nome de paz. Filhos e parentes são para todos os homens, segundo a vontade da natureza, o que há de mais precioso; eles são tirados de nós por recrutamentos para fazer trabalhos de escravos noutros lugares; mulheres e irmãs, mesmo que tenham escapado à cobiça do inimigo, são violentadas por aqueles que se chamam amigos e hóspedes. Os bens transformam-se em impostos, o resultado anual dos campos torna-se contribuições de cereais; o nosso corpo e as nossas mãos, porém, são massacrados com golpes e vitupérios na construção de estradas através de florestas e pântanos. Escravos, nascidos para a servidão, são vendidos uma vez e então são alimentados pelos seus senhores.[40]

• *Religiões mistéricas eram incentivadas e valorizadas pelo Império Romano.* Segundo as religiões mistéricas, a pessoa relaciona-se com Deus mediante ritos e cultos secretos. Deus é considerado um mistério e o meio pelo qual podemos ter acesso a ele é mediante ritos e cultos mistéricos. Isso está em frontal oposição à perspectiva bíblica e cristã, pois para o judaísmo e o cristianismo Deus age eminentemente na história.

As comunidades cristãs assistiram a uma grande invasão das religiões mistéricas e avanço da *Pax* (paz) *romana*.

---

[40] Tácito, Agrícola 30,3–31,2 em: WENGST, K. *Pax romana*; pretensão e realidade. São Paulo, Paulus, 1991. p. 79.

A ideologia do império afirmava que a paz dos deuses tinha irrompido no mundo; a religião era manipulada a serviço dos interesses imperiais (Ap 13,4.14). Era uma paz forjada, uma "paz de cemitério". O imperador Otaviano decretou: "Toda e qualquer manifestação que contrariasse ou perturbasse a ordem no império deveria ser eliminada imediatamente".[41] Nesse ambiente o gnosticismo cresceu pregando a salvação pelo conhecimento e as religiões mistéricas proliferaram mediante a insistência no culto como caminho de aproximação com o mistério de Deus.

Enfim, as comunidades cristãs de Lucas nascem, crescem e se desenvolvem em um contexto político e cultural altamente desfavorável e adverso; era um remar contra a maré. O Império Romano e seus "sacerdotes" propunham como caminhos de salvação: poder, dinheiro, cultura, prestígio, enquanto a proposta da comunidade cristã ia na contramão afirmando "felizes os pobres, os que choram, os que têm fome, os que são rejeitados por causa de Jesus" (Lc 6,20-23). Aos olhos da sociedade, o imperador era considerado salvador, pois era rico, sábio e forte, mas os cristãos invertiam essa tese afirmando, na prática, que o caminho da salvação passava por Jesus Cristo, o qual exaltou o pobre, o fraco e o inculto (Lc 12,22-32).

---

[41] CUNHA, R. I. A. Atos dos Apóstolos. In: VV.AA. *O Espírito de Jesus rompe barreiras*; os vários "rostos" do cristianismo segundo Atos dos Apóstolos (1–15). São Leopoldo, CEBI, 2001. pp. 71-86.

2
Teologia do evangelho "de" Lucas e dos Atos dos Apóstolos

Vimos um aceno à teologia do evangelho "de" Lucas e dos Atos dos Apóstolos que se verifica no modo de Lucas organizar a sua obra, na disposição geográfica, na historização do evento Cristo, na força criadora da Palavra de Deus, na proeminência do Espírito Santo como guia da Palavra de Deus, em um Jesus eminentemente humano, voltado para os outros, servo sofredor, na ênfase que dá a temas como compaixão, misericórdia, oração, discipulado, universalismo, relacionamento com os bens materiais (pobreza *versus* riqueza), liderança das mulheres nas comunidades cristãs, inculturação, solidariedade gratuita e libertadora.

Assim, o autor da obra lucana veicula a imagem de um Deus próximo, que acompanha as comunidades, que não faz discriminação, que acolhe e é solidário nos processos de libertação. Enfim, um Deus sumamente mistério de amor que envolve todos e tudo, recriando a vida e a liberdade como dom para a humanidade.

Teologia da história em Lucas

Analisando atentamente o terceiro evangelho canônico e os Atos dos Apóstolos, percebemos que há um plano global subjacente à obra lucana. Usando a linguagem de Conzelmann, que divide a história da libertação-salvação em três períodos,[1] podemos dizer que o Primeiro Testamento "descreve" *o caminho de Israel*, que é o *tempo das promessas*.[2] O evangelho de Lucas "descreve" o *caminho de Jesus*, que é o *tempo da realização*. Podemos deduzir isso pela ênfase que se dá ao "hoje": "Hoje se cumpre...".[3] E os Atos dos Apóstolos "descreve" o *caminho das Igrejas*, que é o *tempo do Espírito Santo*.

Lucas elabora uma teologia da história que tem raízes no passado, chega ao auge em Jesus, continua na(s) Igreja(s),[4] pela ação do Espírito Santo, e consuma-se na parusia. A manifestação de Jesus não é algo que acontecerá no fim dos tempos, como se ele permanecesse ausente; é antes a manifestação gloriosa de um Jesus que sempre esteve presente nas comunidades, como aparece em Mateus (28,20). Com a ascensão, "Jesus não foi embora", mas foi exaltado, glorificado. Jesus "vai, mas não

---

[1] Conzelmann sugere três períodos para a história da salvação:
O tempo de Israel compreende o Primeiro Testamento, da criação do mundo até João Batista, inclusive (Lc 1,5–3,1) – (tempo do Pai).
O tempo de Jesus compreende o Segundo Testamento, do início do ministério público de Jesus de Nazaré até a sua ascensão (Lc 3,2–24,51) – (tempo do Filho).
O tempo da(s) Igreja(s), sob a perseguição, vai da ascensão até a parusia (Lc 24,52-53; At 1,3–28,31) (tempo do Espírito Santo).
Três passagens em Lc fundamentam esta divisão:
Em Lc 16,16 aparece uma divisão em dois períodos: a lei e os profetas, até João. Daí em diante é anunciada a Boa-Nova do Reino de Deus, com a indicação do tempo de Jesus (cf. Lc 4,21).
Em Lc 22,35-37 Jesus adverte aos doze para a hora em que terão de procurar bolsas, alforjes, mantos e espadas. No "tempo de Jesus" não havia necessidade de todas essas provisões, mas no "tempo da(s) Igreja(s) perseguida(s) (*ecclesia pressa*) a situação é muito diferente, profundamente conflitiva: repreensão, opressão e repressão eram "pão de cada dia" experimentado pelas comunidades cristãs (At 8,1b.4; 11,19).
Em Lc 4,21 com o "*hoje se cumpre...*".

[2] Cf. Lc 1,16.54.68.80; 2,25.32.34; 4,25.27; 7,9; 22,30; 24,21.

[3] Cf. Lc 2,11; 4,21; 5,26; 12,28; 13,32.33; 19,5.9.42; 22,34.61; 23,43.

[4] Colocamos Igreja no plural também para recordar que nasceram, organizaram-se e cresceram diversas Igrejas — Jerusalém, Samaria, Antioquia, Roma, Corinto, Tessalônica, Filipos, Éfeso, Pérgamo, Filadélfia, Gálatas, Colossos, Tiatira, Esmirna, Sardes, Laodiceia etc. Logo, não podemos pensar em uma única Igreja cristã primitiva, mas em uma grande diversidade de Igrejas cristãs primitivas que formavam uma grande unidade com base na grande diversidade entre elas.

vai"; ausente no aspecto físico, continua presente por meio do Espírito Santo. O corpo das pessoas que aderem ao seu projeto passa a ser o "corpo de Cristo",[5] movido pelo Espírito de Jesus.[6] A parusia começou na encarnação, vida e ressurreição de Jesus e será completada quando ele terminar de voltar e não quando começar a voltar.

"Jerusalém" em Lucas

O evangelho de Lucas é o único dos quatro evangelhos canônicos que começa e termina em Jerusalém, precisamente no templo. Imediatamente depois do prólogo geral à obra lucana (Lc 1,1-4), a primeira cena se desenvolve "no santuário do Senhor" (Lc 1,5-23). Depois da ressurreição, os onze voltam para o templo em Jerusalém (Lc 24,53). Os pais de Jesus o levam duas vezes ao templo (Lc 2,22.42). O episódio de Jesus aos doze anos conversando com os doutores no templo é prefiguração do ensinamento futuro de Jesus no templo (Lc 19,47).

Lucas apresenta as três tentações em uma ordem diferente da de Mateus. Este inicia apresentando a tentação da transformação de pedras em pão (primeira tentação), do jogar-se do pináculo do templo e ser salvo pelos anjos (segunda tentação) e de contemplar em uma alta montanha os reinos com todo o esplendor (terceira tentação) (Mt 4,1-11 e Lc 4,1-13). Para Ma-

---

[5] Para Lucas, Deus agiu na história da primeira comunidade cristã da mesma forma como agiu em Jesus. Este era *enviado* de Deus e os cristãos também o são. Por consequência, concluímos que todos somos convidados a "encarnar a realidade" de que também somos *enviados de Deus* para a libertação de todos e de tudo. Ignacio Ellacuría dizia que dom Oscar Romero foi (e continua sendo, mesmo depois da morte, como ressuscitado) um enviado de Deus para libertar o seu povo. Oscar Romero dizia aos cristãos perseguidos pela ditadura militar em El Salvador: "Vocês são Jesus Cristo, aqui e agora. Vocês são enviados de Deus para salvar e libertar o nosso povo".

[6] Cf. At 1,2.5.8.16; 2,4.17.18; 2,33.38; 4,8.25.31; 5,3.9.32; 6,6.5.10; 7,51.55; 8,15.17.18.19.29.39; 9,17.31; 10,19.38.44.45.47; 11,12.15.16.24.28; 13,2.4.9.52; 15,8.28; 16,6.7; 19,2.6; 20,23.28; 21,4.11; 28,25.

teus é importante colocar a última tentação no cume de uma montanha, pois o evangelho está sendo dirigido a comunidades oriundas principalmente do meio judaico, em que "montanha" é, por excelência, o local do encontro do ser humano com Deus. Assim, Mateus enfatiza Jesus, em profunda intimidade com o Pai, na montanha, superando as tentações.

No evangelho de Lucas, a primeira tentação se dá no deserto, onde Jesus é tentado a transformar pedra em pão; a segunda tentação acontece na montanha, em que contempla os reinos; a terceira tentação acontece no pináculo do templo, de onde Jesus é tentado a saltar para ser salvo pelos anjos. Há uma progressão nas tentações. O clímax do confronto entre Satanás e Jesus aconteceu precisamente em Jerusalém, onde acontecerá a execução do Justo com a pena de morte, a pena capital. Assim, a cena na qual Jesus se encontra sobre o pináculo da "casa de seu Pai" se torna muito eloquente, porque no evangelho de Lucas, "Jerusalém" é o *ponto de chegada* de Jesus para realizar a obra (Lc 17,11; Lc 19,28-38). Para as primeiras comunidades cristãs, "Jerusalém" é o *ponto de partida* para a missão (Lc 24,52). Jerusalém tem uma importância particular, pois é a cidade do "destino" final de Jesus e de onde se irradia a libertação-salvação para todo o gênero humano. Jesus caminha para Jerusalém como se buscasse alcançar uma meta (Lc 13,22). Lucas valoriza "Jerusalém" não somente como lugar físico, mas primordialmente como lugar teológico que representa a "cidade de Davi",[7] o monte Sião, de onde Deus legisla. Lucas se refere a "Jerusalém" com o termo grego *Ierousalēm*, designação de Jerusalém não como lugar geográfico, mas como lugar sagrado do judaísmo.

---

[7] Davi é recordado como um dos três reis bons, principalmente pela sua primeira fase. Ele uniu e organizou marginalizados e excluídos da sociedade e implementou um governo popular e democrático. A expressão "cidade de Davi" quer recordar o Davi da primeira fase, não o Davi corrompido pelo poder, no final do seu reinado.

"Salvação" em Lucas

A *salvação* acontece com base nas entranhas da história da humanidade. Deus, pela encarnação que culmina em Jesus de Nazaré, assume as entranhas humanas para salvar todos e tudo. Infelizmente já faz parte do senso comum que *salvação* se refere apenas à "alma". Perdeu-se a relação do corpo com a *salvação*. Diante disso é bom recordar que a palavra "salvação", no seu sentido original, quer dizer livrar o ser humano de algum mal físico, moral ou político, ou de algum cataclismo cósmico; isso supõe resgate da integridade. Com referência ao acontecimento Cristo, resgatar a integridade do ser humano significa restabelecer sua relação inata com Deus, com os outros, com toda a criação e consigo mesmo. Não podemos esquecer que o credo cristão afirma a convicção na ressurreição da "carne", não apenas da "alma".

Salvação é um dos efeitos mais importantes do acontecimento Cristo, pelo menos na mentalidade de Lucas, no evangelho e em Atos dos Apóstolos. Ele é o único dos evangelistas sinóticos a chamar Jesus de "Salvador".[8] O melhor resumo que mostra o que é *salvação* é: "O filho do Homem veio buscar o que estava perdido e *salvá-lo*" (Lc 19,10).

Não podemos continuar pensando, segundo o senso comum, que *salvação* se refere somente a algo pós-morte e que não tem nada a ver com libertações na história. Na Bíblia, as categorias salvação e libertação são "equivalentes" e complementares, mesmo que alguns textos possam enfatizar mais a ideia de salvação, e outros, mais a ideia de libertação. Por exemplo, etimologicamente o nome Josué significa "o Senhor *é libertação-salvação*" (Nm 11,28); Josué é a versão hebraica do

---

[8] Em grego, *sōtēr,* cf. Lc 2,11. Em Atos dos Apóstolos Lucas se refere a Jesus como Salvador mais duas vezes: At 5,31; 13,23.

nome de Jesus. Este é versão aramaica. Logo, etimologicamente, Jesus é o novo Josué, aquele que liberta e salva, em um processo interdependente. Josué conduziu o povo na conquista da terra prometida. Jesus conduz o povo para a chegada do Reino de Deus no mundo. Outro exemplo: o nome Oseias significa libertação-salvação (Nm 13,8) — o profeta Oseias combateu com veemência a idolatria, libertando e salvando o povo.

Libertação-salvação faz parte do campo semântico dos verbos libertar, salvar, sarar, curar, resgatar, perdoar, reerguer, redimir, integrar, recuperar, incluir, apoiar e outros similares. Isso indica a inter-relação existente entre libertar e salvar: são duas faces da mesma medalha; inseparáveis como carne e unha. "Salvação" que não implica libertação real, concreta e corporal das pessoas é pseudossalvação.

Só entende bem a teologia lucana quem considera a ponderação feita a pouco. Lucas não quer, em momento algum, espiritualizar a proposta do Evangelho de Jesus Cristo, mas inseri-la nos processos orgânicos de libertação. A salvação que Lucas defende não é aparente, como diz o povo: "Peruca em cabeça de careca".

Ênfase de Lucas na teologia da história

A salvação universal se estende a tudo e a todos, não porque o povo judeu a recusou, mas porque está no plano salvífico de Deus favorecer toda a humanidade. O plano salvífico, segundo Lucas, começa com o movimento de Jesus Cristo, no Evangelho, e continua nos Atos dos Apóstolos sob a ação do Espírito prolongando-se na(s) Igreja(s) pelo mundo afora.

No plano teológico da obra de Lucas, o tempo da promessa (Primeiro Testamento), o tempo de Jesus (Evangelho) e o tempo da(s) Igreja(s) (Atos dos Apóstolos) apresentam uma visão unitária de um único projeto de salvação pensado pelo Deus da Bíblia, para o ser humano de todos os tempos e realizado em Jesus por meio do dom e da presença do Espírito Santo nas comunidades cristãs.

A cristologia de Lucas revela Jesus como eminentemente compassivo-misericordioso (Lc 7,13; 10,33; 15,20), Salvador de todos (Lc 2,32), curador de todas as doenças (Lc 19,5; 15,2); acolhedor dos samaritanos (Lc 10,29-37; 17,11-19); acolhedor amoroso das mulheres (Lc 8,2-3; 23,49) e praticante da "comunhão de mesa" com pecadores ao sentar-se à mesa e comer junto com eles (Lc 5,29-30; 15,2; 19,7).

O templo e a cidade de Jerusalém como lugares exclusivos de *salvação* ou *revelação* são superados. O povo de Israel, segundo Lucas, não é mais o "povo eleito" por excelência. Basta perceber a prioridade que Lucas dá aos samaritanos e aos gentios. Lucas nos alerta que o *lugar por excelência da revelação de Deus é a pessoa de Jesus*. O Menino Jesus é reconhecido como "bendito" (Lc 1,42); na sua humanidade "visita" o seu povo e toda a humanidade (Lc 1,68.78; 3,6). Deus, em Jesus, visita o povo e dá início, assim, a um tempo de salvação, paz, reconciliação e perdão.

Conzelmann, um estudioso do evangelho de Lucas, afirma que em Jesus, e com ele, o *tempo* chegou ao seu *centro*. Por isso ele pôs em um dos seus livros sobre Lucas o seguinte título: *O centro do tempo*. Os argumentos que sustentam essa tese se apoiam sobre a ênfase dada à palavra hoje, que aparece doze vezes nesse evangelho.[9]

---

[9] Confira:
   Lc 2,11: "*Hoje* vos nasceu...".
   Lc 4,21: "*Hoje* se cumpre essa passagem da Escritura".
   Lc 5,26: "*Hoje* vimos prodígios...".
   Lc 12,28: "A erva que *hoje* está no campo e amanhã...".

É claro que a palavra "hoje" não tem o mesmo sentido em todos esses versículos, mas o fato de aparecer tantas vezes demonstra como o Jesus apresentado por Lucas valoriza *o hoje, o aqui e agora*. ["Felizes vós, que *agora* tendes fome (e chorais), porque sereis saciados (e haveis de rir)" (Lc 6,21).] *"Hoje* se cumpre essa passagem da Escritura (Lc 4,21)." Para entender bem essa afirmação, devemos recordar que, para o povo judeu, toda vez que se lia a Bíblia Deus estava falando e manifestando-se. A *Palavra* para o mundo semita é viva e eficaz (Is 55,10-11). Pela Palavra, Deus nos visita e devemos ter sensibilidade para captar sua mensagem. O tempo de Deus é o "hoje" da história (Lc 4,21). É como canta Zé Vicente, um dos cantores das Comunidades Eclesiais de Base: "Nas horas de Deus, amém!... Luz de Deus em todo canto... Que o coração do meu povo de amor se torne novo...".[10] E como diz Rubem Alves no livro *Tempus fugit*: "Só descobrimos a beleza do momento presente, do hoje e do agora, quando descobrimos que o tempo é fugidio, escorre, passa e não volta nunca mais. Quando chegamos a essa descoberta passamos a viver com intensidade cada minuto e cada segundo da nossa vida".[11] Eis um dos traços da teologia lucana.

Para Lucas a *prática* é decisiva. Isto é comprovado na obra lucana com expressões como: *"Façam* coisas para provar que vocês se converteram..." (Lc 3,8a); "As multidões, alguns

---

Lc 13,32: "Vão dizer a essa raposa: eu expulso demônios, e faço curas hoje e amanhã...".
Lc 13,33: "Importa, contudo, caminhar hoje...".
Lc 19,5: "Pois, me convém ficar *hoje* em sua casa...".
Lc 19,9: *"Hoje* a salvação entrou nesta casa...".
Lc 19,42: "Ah, se *hoje* tu conhecesses a paz...".
Lc 22,34: "Afirmo-te, Pedro, que o galo não cantará *hoje*...".
Lc 22,61: "Hoje três vezes me negarás...".
Lc 23,43: *"Hoje* estarás comigo no paraíso...".

[10] Zé Vicente, *CD Nas horas de Deus, Amém*, primeira música. São Paulo, COMEP/Paulinas.

[11] Cf. ALVES, R. *Tempus fugit*. São Paulo, Paulus, 1990. p. 11.

cobradores de impostos, alguns soldados... perguntaram a João Batista: 'O que devemos *fazer?*'" (Lc 3,10.12.14). Um escriba pergunta a Jesus: "O que devo *fazer* para receber em herança a vida eterna?" (Lc 10,25) e depois de contar o "episódio--parábola" do Bom Samaritano, Jesus responde dizendo: "Vá, e *faça* a mesma coisa" (Lc 10,37). Muitos outros textos podem ser evocados para respaldar a conclusão de que *Lucas dá uma grande prioridade à ação.* O primeiro versículo dos Atos dos Apóstolos traz a seguinte frase: "... tudo o que Jesus começou *a fazer e a ensinar".* A prática é recordada antes do ensinamento, o que quer dizer que acima da ortodoxia está a ortopráxis. Mais importante do que ter uma "opinião certa" é ter uma prática correta, libertadora. Por aqui entrevemos a perspectiva universal da teologia lucana. Lucas quer dizer que uma das grandes características das primeiras comunidades é que eram comunidades de ação, de prática, de testemunho. Não se trata de qualquer tipo de ação, mas de ação solidária e libertadora.

Lucas apresenta as seguintes condições para seguir Jesus: viver em pobreza radical,[12] não temer repressões,[13] não fazer discriminação racial ou cultural,[14] acolher preferencialmente os pobres.[15]

Ser discípulo significa seguir os passos de Jesus, acompanhá-lo rumo a "Jerusalém", onde cumprirá o seu "destino", o seu "êxodo" rumo ao Pai. Ser discípulo de Cristo inclui não somente a aceitação do ensinamento do Mestre, mas também uma identificação pessoal com o estilo de vida de Jesus e com seu compromisso com os pobres mediante o martírio como caminho para a ressurreição.

---

[12] Cf. Lc 12,21-33; 14,33.
[13] Cf. Lc 12,1-7.11.22-23.
[14] Cf. Lc 10,25-37.
[15] Cf. Lc 14,12-14.15-24.

Jesus vive a espiritualidade do conflito; apesar do caminho da cruz o clima predominante é de entusiasmo e alegria,[16] cultivando assim a serenidade e a paz interior diante das "tempestades".

Grandes temas teológicos em Lucas

A coluna mestra da teologia de Lucas aparece na ênfase que ele dá a temas como: oração, pobreza *versus* riqueza, compaixão-misericórdia, Espírito Santo, universalidade da salvação, inculturação e outros.

Viver embalado pelo Espírito Santo

Entre os evangelhos sinóticos, Lucas é o que dá maior importância à figura do Espírito Santo, uma realidade que atravessa toda sua narração evangélica e se projeta ao longo dos Atos dos Apóstolos. A terminologia apresenta variações: "o Espírito", "o Espírito Santo", "o Espírito de Jesus". Em Marcos, aparece a palavra "Espírito" mencionada seis vezes; em Mateus, doze vezes; no evangelho de Lucas aparece dezesseis vezes.[17]

---

[16] Cf. Lc 10,17.20-21; 15,7.10.32; 19,6.

[17] Lc 1,15: O anjo diz a Zacarias que João Batista será *cheio do Espírito Santo* desde o ventre materno;
Lc 1,35: O anjo diz que *o Espírito Santo descerá sobre Maria*;
Lc 1,41: Com a saudação de Maria, Isabel *ficou cheia do Espírito Santo*;
Lc 1,67: Zacarias, *cheio do Espírito Santo*, profetiza;
Lc 2,25: *O Espírito Santo* estava sobre Simeão;
Lc 2,26: *O Espírito revelou a Simeão* que ele não morreria antes de ver o Cristo Senhor;
Lc 2,27: *Movido pelo Espírito*, Simeão foi ao templo;
Lc 3,16: João Batista profetiza que *Jesus batizará no Espírito Santo* (e não mais em água);
Lc 3,22: Depois de batizado, estando em oração, *o Espírito Santo desce sobre Jesus*, em forma corporal de pomba;
Lc 4,1: Jesus, *pleno do Espírito Santo,* foi conduzido *em Espírito* para o deserto;
Lc 4,14: Jesus volta para a Galileia com a força do *Espírito*;
Lc 11,13: Deus dará o *Espírito Santo* aos que o pedirem;
Lc 12,10: Quem blasfemar contra o *Espírito Santo* não será perdoado;
Lc 12,12: Diante de inquisidores *o Espírito Santo ensinará* os discípulos o que deve ser dito.
Lc 4,18: Segundo a profecia de Isaías 61,1s, *o Espírito do Senhor* está sobre Jesus;
Lc 10,21: Jesus *se alegra no Espírito Santo* ao ver que os pequenos entendem a revelação de Deus.

Nas dezesseis vezes em que o Espírito Santo é mencionado no evangelho de Lucas observamos que algumas pessoas são movidas pelo Espírito, tais como João Batista, Maria, Isabel, Zacarias e Jesus (Lc 1,35.41.67). Jesus nasce em meio a pessoas repletas do Espírito Santo. Ao afirmar que o Espírito virá sobre uma mulher pobre de Nazaré (Lc 1,35), Lucas está querendo dizer que a gravidez dela, embora fora do casamento, não deve ser condenada, mas vista com outros olhos, os olhos de Deus. A "concepção virginal" de Jesus, sob a ação do Espírito de Deus, ajuda a acolher o que foi afirmado em Marcos (1,1): Jesus é o Cristo, Filho de Deus.

Observamos que viver segundo o Espírito implica caminhar em um processo de crescimento e fortalecimento. A ação do Espírito não é mágica como se ao invocá-lo ele descesse do céu sobre nós. Mas ele está presente em nós e no universo. Ele irrompe na comunidade a partir das entranhas dos fatos históricos.

Observamos que o Espírito tem uma capacidade reveladora da presença de Deus na história (Lc 2,26). Uma pessoa ou comunidade que se sente em Deus vive no mistério de amor, está imersa em um oceano de amor. E desperta sensibilidade capaz de perceber Deus agindo no mais profundo dos fatos e da realidade.

Observamos que a ação do Espírito, revelada em toda a Bíblia, manifesta-se com maior força na ação profética. A primeira reação de quem é "possuído" pelo Espírito é profetizar. Um bom critério para constatar a autenticidade de uma experiência no Espírito é verificar se ela está tornando as pessoas mais proféticas.[18]

Observamos que em Jesus se dá um crescimento no Espírito (Lc 2,40). Começa com a promessa de que o Espírito

---

[18] Cf. Nm 11,29; At 4,31; At 10,44-45; At 19,4-6; 1Cor 14,1.4-5.31.

"descerá" sobre ele (Lc 3,22), depois, passo a passo, Jesus é plenificado no Espírito. É importante ressaltar que "descerá" é uma expressão antropomórfica para fazer referência ao divino que se explicita no humano, mas não indica necessariamente que venha de cima para baixo nem de fora para dentro. O divino habita em nós por participação.

O Espírito Santo é quem conduz a ação da comunidade cristã nos Atos dos Apóstolos, guia apóstolos enviados e irradia a Palavra de Deus de "Jerusalém a Roma". Por 52 vezes o Espírito é mencionado como condutor da ação nos Atos dos Apóstolos.[19] Se no evangelho de Lucas é Jesus quem lidera o processo da ação de Deus na história, nos Atos dos Apóstolos o Espírito é "o grande personagem". Essa ênfase no Espírito em Atos permite que muitos estudiosos da Bíblia entendam os Atos dos Apóstolos como "o evangelho do Espírito".

Desejar o Espírito é caminho para recebê-lo de Deus (Lc 11,13). Deus nos ama infinitamente, por isso nos deixa livres para abrir-nos e perceber a ação dele em nós.

Barnabé tinha um terreno em Jerusalém. Sente-se movido a dispor dele em favor da comunidade; vende-o e coloca o dinheiro aos pés da comunidade cristã. Esse gesto revela a abertura de espírito de Barnabé. Pouco a pouco, ele vai sendo guiado pelo Espírito e sente necessidade de colocar sua vida à disposição do Evangelho. Torna-se um dos principais missionários na comunidade cristã primitiva.

Fechar-se à ação do Espírito Santo é grave e perigoso, porque a pessoa fecha os olhos e o coração à evidência das obras do Espírito (cf. Lc 12,10). E negando-as, rejeita a oferta suprema

---

[19] Cf. At 1,2.5.8.16; 2,4.17.18.33.38; 4,8.31; 5,3.9.32; 6,3.5.10; 7,51.55.59; 8,15.17; 8,18.19.29.39; 9,17.31; 10,19.38.44.45.47; 11,12.15.16.24.28; 13,2.4.9.52; 15,8.28; 16,6.7.16.18; 17,16; 19,2.6.16.21; 20,22.23.28; 21,4.11; 23,9; 28,25.

que Deus lha faz e se exclui da salvação (Hb 6,4-6; Mt 10,26-31). O comportamento de Judas Iscariotes parece confirmar esse fechamento. Por ganância, trai o Mestre e com o dinheiro da traição compra um terreno (At 1,18), fazendo exatamente o contrário do que fez Barnabé. Acabou abraçando um projeto de morte que o levou à ruína.

O Espírito Santo é mestre em situações de alto conflito: "Quando vos conduzirem às sinagogas, perante os magistrados e perante as autoridades, não vos preocupeis com os argumentos para vos defender, nem com o que dizer, pois o Espírito vos ensinará naquele momento o que deveis dizer" (Lc 12,11-12). O evangelho de Lucas narra por três vezes dizendo que, "impulsionado pelo Espírito, Jesus deve subir para Jerusalém e que será morto, mas ressuscitará".[20] O apóstolo Paulo também teve de discernir em meio a conflitos, pois por três vezes disseram a ele que não subisse a Jerusalém, pois seria preso e maltratado. Mas o apóstolo acabou discernindo que deveria seguir firmemente o caminho trilhado por Jesus e assim se tornou "outro Cristo".[21]

Uma pessoa guiada pelo Espírito vive a alegria, a paz e a serenidade; saboreia a beleza da pequenez da vida nutrindo-se do divino que se tornou humano. Essa perspectiva aparece em inúmeras passagens do terceiro evangelho, principalmente nas parábolas da misericórdia, nas quais o evangelista faz questão de enfatizar a alegria que contagia um pastor, uma mulher e um pai ao reencontrarem o que estava perdido (Lc 15,1-32).

Enfim, Lucas quer ajudar-nos a crescer em uma dupla consciência: perceber o Espírito perpassando todas as coisas e captar nas partes uma totalidade integradora.

---

[20] Lc 9,22.43-45; 18,31-33.
[21] At 19,21; Rm 15,22-32; 1Cor 16,1-8.

Lucas intensifica a presença do Espírito no começo de determinadas seções da sua narração. Nos relatos da infância acumula sete menções do Espírito;[22] e na preparação ao ministério público, refere-se à ação do Espírito cinco vezes.[23]

À primeira vista, é estranho que a menção ao Espírito desapareça completamente nas outras seções da narração da viagem de Jesus para Jerusalém (Lc 13–19), no ministério de Jesus em Jerusalém (Lc 19,28–21,38), em todo o relato da paixão (Lc 22–23) e na ressurreição (Lc 24). A avassaladora presença do Espírito citada na primeira metade da narração (Lc 1–16) desaparece após Lc 12,12, em que se diz que o Espírito de Deus acompanhará os perseguidos no momento em que estiverem sendo interrogados pelas autoridades.

Esse mesmo processo se verifica também nos Atos dos Apóstolos. Na primeira parte de Atos (At 1,1–15,35), o Espírito é mencionado 19 vezes,[24] enquanto na segunda parte de Atos (At 15,36–28,31) aparecem somente 11 referências.[25] Na segunda parte de Lucas e Atos a referência ao Espírito vai escasseando, talvez para sinalizar uma característica da teologia lucana: o divino em Lucas tende a encarnar-se, como sal na comida, e vai aos poucos "desaparecendo". É como um andaime: anda-se nele enquanto se constrói, mas, terminada a construção, caminha-se pela própria construção. Imbuídos pelo Espírito, os personagens bíblicos o revelam pela sua ação, dispensando referências explícitas.

Os rasgos fundamentais do Espírito em Lucas denotam a presença ativa, criadora e profética de Deus no coração da

---

[22] Cf. Lc 1,15.35.41.67; 2,25.26.27.
[23] Cf. Lc 3,16.22; 4,1.14.18.
[24] Cf. At 1,16; 2,4; 5,3.9.32; 7,59; 8,15.17.18.19.29.39; 10,19.44.47; 11,12.15; 13,2; 15,8.
[25] Cf. At 16,7.16; 19,2 (duas vezes).6; 20,23.28; 21,11; 28,25.

Criação, em geral e especificamente, no âmbito da comunidade. O Espírito manifesta toda sua atividade, como presença criadora que vem de Deus, desde a concepção de Jesus em Maria. Leonira, participante da Comunidade Eclesial de Base, da Vila Parolin, em Curitiba (PR), dizia: "O Espírito Santo é como sal na comida: só é percebido quando falta ou quando está colocado em demasia. Quando a comida está com um bom tempero, ninguém nem lembra do sal. Assim é o Espírito Santo na obra de Lucas. Permeia tudo, disfarçadamente".

Lucas coloca Jesus na companhia permanente do Espírito, esse ilustre "personagem", para reforçar que as comunidades devem estar em constante processo de revisão de critérios e certezas; devem converter-se permanentemente a novos valores, reconhecer a ação e presença de Deus na vida e na história. Enfim, devem viver em discernimento constante. Para isso, é profundamente salutar ter como fonte de inspiração o Espírito, que não se deixa encurralar nem aceita ser enquadrado em nossos esquemas humanos. Sopra onde quer, para onde quer, é livre, liberta e conduz à liberdade. São Paulo reitera diversas vezes: "Não percam a liberdade cristã!" (2Cor 3,17); "Não entristeçam o Espírito Santo!" (Ef 4,30).

Viver de modo orante

Lucas revela um Jesus orante, que cultiva a intimidade com o Pai pela oração. Jesus se prepara, por meio da oração, para um encontro face a face, olho a olho, com o Pai, com os outros e consigo mesmo. Uma oração libertadora mergulha-nos no mais profundo da nossa subjetividade, lá onde as palavras se calam e a voz de Deus se faz ouvir como apelo e desafio.

Lucas dá uma importância muito grande à comunicação com Deus, de modo efetivo e afetivo. A apresentação de Jesus orante é de suma importância para o discípulo, porque uma das atitudes fundamentais do seguimento de Jesus é precisamente a contínua comunicação com Deus.

Jesus reza nos momentos mais importantes da sua vida. A ênfase na oração aparece já desde a primeira narrativa do evangelho de Lucas sobre o anúncio do nascimento de João Batista e de Jesus (1,10-11.13).[26] Lucas fala da eficácia da oração na vida das pessoas que perseveram na oração (Lc 19,6-8).[27]

Lucas revela também as circunstâncias em que Jesus reza: sozinho, na montanha, "como de costume" (Lc 22,39). O evangelista não se contenta com a mera indicação de que Jesus se retirava frequentemente para orar (Lc 5,16; 6,12); em certas ocasiões chega a dizer como orava e qual era o conteúdo da sua oração, como em Lc 10,21-24, quando Jesus se alegra porque os pequenos e humildes acolhem a sua mensagem.[28] É o único evangelista que coloca na boca dos discípulos de Jesus um pedido extraordinariamente significativo: "Senhor, ensina-nos a orar..."; queriam aprender a falar com Deus (Lc 11,1).

Os discípulos de Jesus são convidados a rezar o pai-nosso (Lc 11,1), a perseverar na oração (Lc 18,1ss; 21,36), a rezar com fé e com a familiaridade de um amigo (11,9-13), com a convicção

---

[26] Segue com Lc 3,21; 5,16.33; 6,12; 9,18.28; 11,1.2-8; 18,9-14; 22,32.41; 23,46.

[27] Ao receber o batismo, Jesus encontrava-se *em oração* (Lc 3,21);
sua fama se difundia e ele se retirava *em oração* (Lc 5,16);
os discípulos de João Batista *rezavam* (Lc 5,33);
"Enquanto rezava, seu rosto se transfigurou" (Lc 9,29);
"Antes de escolher os doze, retirou-se *em oração* toda a noite" (Lc 6,12);
em oração perguntou aos discípulos: Quem dizem os homens que eu sou?" (Lc 9,18);
"Subiu ao monte para *orar* acompanhado" (Lc 8,28); o modo *de orar* de Jesus seduzia e cativava os discípulos que lhe pediam: "Ensina-nos a *rezar*!" (Lc 11,1); Jesus contou a parábola da viúva que clamava ao juiz, para mostrar a necessidade de *orar* sempre (Lc 18,3); Jesus rezou por Pedro para que a fé deste não desfalecesse (Lc 22,32); "Dobrando os joelhos *orava*" (Lc 22,41); na cruz revelou-se cheio de ternura pelos seus algozes ao *rezar*: "Pai, perdoai-lhes, porque não sabem o que fazem" (Lc 23,34); "e, clamando Jesus com grande voz, disse: Pai, nas tuas mãos, entrego o meu espírito" (Lc 23,46).

[28] Lc 10,21-24; 22,42; 23,46.

de alcançar o que pedem; na luta pela justiça (Lc 18,1-8), com a humildade do publicano (Lc 19,9-14), a confiança do filho que abandonou o Pai (Lc 15,21) e com a consciência de Pedro que se sente pecador (Lc 5,8).

Lucas nos leva a perguntar: *para que orar?* Intuímos que é para dilatar o coração e ser capaz de amar como Jesus amou. A palavra coração contém a palavra oração; sinal de que *oração* tem muito a ver com *coração*. Para o povo judeu o coração é a sede das opções fundamentais da vida; é o lugar das grandes decisões (Lc 6,45). Uma oração verdadeira leva-nos ao coração da vida, habilita-nos a ouvir o inaudível. É imprescindível aprendermos a ouvir o coração (e estômago, pés, mãos...) das pessoas, seus sentimentos mudos, os medos inconfessos e as queixas silenciosas; entender o que está errado e atender às suas reais necessidades.

Oração é como a relação entre duas pessoas que se amam: do flerte, repleto de indagações e fascínio, nasce a proximidade. *O namoro é feito de preces, pedidos e louvores.* O noivado favorece a intimidade de quem se abre inteiramente à presença do outro. A relação amorosa vira os amados pelo avesso. Palavras já não são necessárias. O silêncio desejado plenifica. Enfim, as núpcias, essa simbiose que levou o apóstolo Paulo a exclamar: "Já não sou eu que vivo, é Cristo que vive em mim" (Gl 2,20). É a gravidez do Espírito, o vazio de si, que ao mesmo tempo se abre totalmente a Deus (Lc 1,28). A oração defendida por Lucas vai por esse caminho, sobre os trilhos que conduzem a um processo de humanização.

A oração de Jesus é água que faz a planta da fé vicejar com a contribuição do sol (o transcendente). Se não é regada, a planta morre ressequida. Ao orar, deixamo-nos possuir por um Outro que é mais íntimo a nós do que nós mesmos.

Segundo os Atos dos Apóstolos, uma das colunas mestras que sustentavam a vida das primeiras comunidades cristãs era a oração. Oravam comunitariamente (At 12,12) e cultivavam um novo ambiente na vida em comum. Perseveravam na oração (At 1,14; 2,42; 6,4; 10,2) nas casas, no templo (At 3,1), às margens do rio (At 16,13), na praia (At 21,5) etc. Pela oração, criava-se familiaridade com o Espírito Santo (At 4,31; 8,15; 10,30; 22,17) e consagravam-se líderes da comunidade a serviço da Palavra e da assistência social (At 6,6; 9,11). Visitantes também entravam no clima de oração (At 16,13). Pela oração, os seguidores(as) de Jesus permaneciam unidos entre si e a Deus (At 5,12b), fortaleciam-se nas tribulações[29] (At 4,23-31) e faziam discernimento crítico e criativo (At 1,24; 13,3). As orações eram libertadoras (At 28,8) e acolhidas por Deus (At 10,4.31). A comunidade rezava pelos que tinham sido presos na perseguição (At 12,5) e, muitas vezes, jejuava enquanto orava (e vice-versa). Fazia como Jesus, que, pela oração, enfrentava as tentações (Mc 14,32; At 8,24; 16,25). Um dos momentos fundamentais em Atos é a transformação de Pedro (At 10,1–11,18), durante sua convivência com os excluídos, representados por Simão, o curtidor de couro (At 9,43). Lucas reafirma que essa experiência foi vivenciada em clima de oração (At 10,9; 11,5).

Ser pobre, sim; ser rico, não!

Lucas não é extremista, mas é radical ao abordar a relação entre pobreza e riqueza. Ele percebe a íntima relação que existe entre pobres e ricos. Parece que Jesus e Lucas tinham claro que acumular bens é, ao mesmo tempo, roubá-los de outros. O terceiro evangelho canônico advoga um uso acertado dos bens materiais.

---

[29] Tribulação inclui *repreensão* (censura psicológica), *opressão* (de toda forma, também econômica) e *repressão* (braço político-militar do império).

Lucas é um dos escritores do Segundo Testamento que mais questiona os discípulos com relação ao uso das riquezas materiais. O retrato "ideal" das primeiras comunidades cristãs, que "tinham tudo em comum... vendiam suas propriedades e depositavam o dinheiro aos pés dos apóstolos" (At 2,42-45), marca muito a imagem de Lucas com relação aos bens materiais.

Lucas conserva muitas máximas de Jesus sobre a questão da "riqueza": "... deixaram tudo e o seguiram" (Lc 5,11); "... mas o Filho do Homem não tem onde reclinar a cabeça" (Lc 9,58); "Não pergunteis, pois, que haveis de comer ou que haveis de beber, e não andeis inquietos, porque os gentios do mundo buscam todas essas coisas; mas vosso Pai sabe que necessitais delas" (Lc 12,29-30); "... ao que te houver tirado a capa, nem a túnica recuses. Dá a qualquer que te pedir; e ao que tomar o que é teu não lhe tornes a pedir" (Lc 6,29-30); "É mais fácil entrar um camelo pelo fundo de uma agulha do que entrar um rico no Reino de Deus" (Lc 18,25); "Olhando ele, viu os ricos lançarem as suas ofertas na arca do tesouro; e viu também uma pobre viúva lançar ali duas pequenas moedas; e disse: Em verdade vos digo que lançou mais do que todos esta pobre viúva, porque todos aqueles deram como oferta a Deus do que lhes sobra; mas esta, da sua pobreza, deu todo o sustento que tinha" (Lc 21,1-4); "Dai, pois, a César, o que é de César e a Deus, o que é de Deus" (Lc 20,25); Judas Iscariotes traiu Jesus por dinheiro (Lc 22,5); "Jesus ouviu o jovem rico e disse-lhe: Ainda te falta uma coisa: vende tudo quanto tens, reparte-o com os pobres e terás um tesouro no céu; depois, vem e segue-me" (Lc 18,22).

Nas máximas de Jesus registradas por Lucas são colocadas as seguintes condições para seguir Jesus: ser pobre, libertar-se do desejo de acumular, ser desprendido e solidário,[30] não agarrar as coisas para si mesmo e livrar-se da idolatria do dinheiro.

---

[30] A partilha dos bens é uma utopia a ser cultivada, sobretudo em At 2,44-45; 3,6; 4,32-35.37; 5,1-11.

Desde o início da sua narrativa Lucas já revela grande sensibilidade e um acentuado interesse e amor preferencial pelos pobres ao contrapor "ricos" e "pobres".[31] Zaqueu é colocado como modelo do autêntico discípulo de Cristo, pois dá aos pobres a metade do que tem e devolve quatro vezes mais o que roubou (Lc 19,8).

Os bens materiais

Observando mais atentamente a obra lucana, constatamos que nela aparecem duas posturas com relação aos bens materiais.

Uma postura moderada, que revela-se nas seguintes passagens: "Reparta sua túnica com quem não tem" (Lc 3,11), mas pode ficar com uma. Um credor dá um desconto na dívida do endividado (Lc 16,8a). Mulheres ajudavam Jesus com seus bens (Lc 8,3). "Dai em esmola o que tendes e tudo vos será limpo" (Lc 11,41).[32]

Uma postura radical de despojamento aparece nas seguintes passagens: "... emprestai, sem nada esperardes... Sede misericordiosos" (Lc 6,35-36); "Nada leveis convosco para o caminho, nem bordões, nem alforje, nem pão, nem dinheiro, nem tenhais duas vestes" (Lc 9,3); "Vendam os seus bens e deem o dinheiro em esmola... onde está o seu tesouro, aí estará também o seu coração" (Lc 12,33-34); "Vocês não podem servir a Deus e ao dinheiro" (Lc 16,13); "Se não renunciar a tudo que tem, não pode ser meu discípulo" (Lc 14,33). No episódio sobre Ananias e Safira (At 5,1-11), em Atos dos Apóstolos, observamos que quem retém algo para si mesmo se torna réu de morte. À primeira vista o motivo da morte é a mentira proferi-

---

[31] Cf. Lc 1,53; 3,11; 7,24-25; 4,18; 6,20.24; 7,21-22; 12,16-21; 16,19-31; 10,35-37; 14,12-14.
[32] Cf. também Lc 16,9 e At 9,36; 10,2.4.18-23.31; 20,35.

da pelo casal — "mentistes ao Espírito Santo?" —, mas, em nível mais profundo, percebemos que a causa da mentira é a retenção do dinheiro para si. Assim agindo, Ananias e Safira estão dentro da lógica do Império Romano que pautava pela acumulação. Quem abraça um projeto de acumulação acaba chamando para si a morte, pois freia o imenso potencial humano que quer se desenvolver dentro da lógica da partilha. O projeto das primeiras comunidades objetiva partilha total dos bens. Quem não entra de "corpo e alma" no projeto caminha para a morte.

É claro que todos os versículos citados devem ser interpretados no seu contexto, pois refletem uma postura crítica, radical e muito firme de Jesus no tocante às riquezas.

Os pobres na obra de Lucas (Lc e At)

Na mentalidade lucana "os pobres" não são "espiritualizados", como o evangelho de Mateus pode sugerir à primeira vista, mas têm conotações concretas. São carentes economicamente, marginalizados e excluídos socialmente. Não têm relevância na sociedade. Os Atos dos Apóstolos aprofundam mais essa radicalidade. Pedro, por exemplo, declara-se em absoluta pobreza, não tendo prata nem ouro, mas somente a Palavra que revigora e reanima os cansados (At 3,6).[33]

O contraste entre "ricos" e "pobres" transcende as dimensões socioeconômicas. A categoria "pobres" compreende presos, cegos, oprimidos (Lc 4,18), famintos, desolados, aborrecidos, difamados, perseguidos, marginalizados (Lc 6,20-22), coxos, leprosos, surdos e até mortos (Lc 7,22). "Os pobres" são a escória, os dejetos e a imundície da sociedade. A riqueza é vista como uma armadilha mortal para o homem, pois prome-

---

[33] Cf. também At 4,32.34-35; 2,44-45; 4,37.

te estabilidade, reforça a autossuficiência e é causa de muitas injustiças.

No evangelho de Lucas, as bem-aventuranças têm uma orientação social (Lc 6,20-23); dirigem-se aos "discípulos" como os verdadeiramente pobres, famintos, aflitos e excluídos deste mundo. Lucas não tende a espiritualizar a condição dos seus discípulos, como faz Mateus nas bem-aventuranças;[34] nele a pobreza, a fome, a aflição, o ódio e o exílio caracterizam a situação concreta e existencial do discípulo de Cristo, que é quem Jesus declara "feliz".

No evangelho segundo Lucas aparece nitidamente uma opção pelos pobres, contra a pobreza. Os ricos não são excluídos a princípio, mas são convidados a abandonar a idolatria do dinheiro e do poder e a tornarem-se pobres. O servo sofredor padre Alfredinho dizia: "O mundo vai virar um paraíso no dia em que os ricos desejarem passar fome". Lucas é duro contra os ricos e a riqueza (Lc 6,24).

"Cuidem dos enfraquecidos!" (At 20,35). Eis um apelo forte do apóstolo Paulo no seu testamento espiritual, escrito por Lucas, que conservava na mente e no coração a imagem de Paulo como alguém que dava atenção especial aos empobrecidos. É provável que nas comunidades de Lucas, no fim do século I, um desejo grande de fidelidade ao passado estivesse gerando esquecimento dos empobrecidos e excluídos. Estes nem sempre podem respeitar as regras da comunidade. Para Paulo, o sinal por excelência da autenticidade do ministério era o amor desinteressado e gratuito aos pobres.[35] Essa opção

---

[34] As prescrições que Mateus acrescenta — "pobres em espírito", fome "e sede de justiça" — respeitam a condição de diversos membros da comunidade mista a quem a narração evangélica é dirigida.

[35] Cf. Gl 4,17; 2Cor 11,8-9; 12,13; Cf. também escritos posteriores, como: 2Tm 3,2.6-9; Tt 1,11; 2Pd 2,3; Didaqué 11,5-6.9.12.

aparece de modo muito eloquente quando Paulo diz às comunidades de Antioquia que a única coisa que a assembleia de Jerusalém fez questão de alertar foi: "Nós só deveríamos nos lembrar dos pobres..." (Gl 2,10). No discurso aos presbíteros, em At 20,17-35, Lucas alerta para o cuidado com os pobres, porque provavelmente os presbíteros estavam preocupando-se menos com aqueles e agindo mais como "os falsos pastores que apascentam a si mesmos e devoram as ovelhas" (Ez 34,8-10). Estariam eles gastando mais energias com os ritos do que com a promoção humana dos excluídos?

A teologia lucana propõe uma mística evangélica que seja uma Boa Notícia para os pobres, isto é, para cegos, surdos, mudos, presos, alienados, doentes e pecadores; enfim, para marginalizados e excluídos. Lucas é muito realista, porque percebe que a Boa Notícia para os pobres é, normalmente, péssima notícia para os opressores e "excluidores" dos pobres. Lucas defende não toda e qualquer notícia, mas apenas aquela que traz qualidade de vida para todos e para tudo, com base nos oprimidos.

Jesus, segundo Lucas, encontra-se com os pobres e com eles se compromete. Sua vida, que conhecemos também por suas posturas e ensinamentos, caracteriza-se por *encontros* com pessoas do seu círculo de amizade e com pessoas do mundo dos excluídos. Jesus foi sempre: um inconformado com injustiças e com sistemas injustos; um sonhador que cultivava a utopia bonita do Reino de Deus no nosso meio; tinha os pés no chão, mas o coração nos céus; era um profeta, alguém sensível, capaz de captar os sussurros e os apelos de Deus por meio das entranhas dos fatos históricos; uma testemunha, um mártir, que não apenas disse verdades, mas doou a vida pelas verdades que defendia.

Jesus e seu movimento, em uma postura altamente irreverente, deixam-se envolver, apaixonar-se, compadecer-se pelo povo sofrido e revelam um grande esforço de transformação; desmistificam o que é mistificado pelo senso comum; des-idolatram deuses e ídolos que concorrem em uma imensa gritaria tentando seduzir as pessoas para projetos escravizadores; des-sacralizam o poder, desmascarando o poder religioso, o político e o econômico que, endeusados, promovem grandes atrocidades; des-dualizam a forma de encarar a realidade — com Jesus, "o véu do templo se rasga" (Lc 23,45) e "ninguém deve chamar de impuro aquilo que Deus criou" (At 10,15). Não há mais separação entre puro e impuro, entre santo e pecador, entre transcendência e imanência, entre dentro e fora. Tudo e todos são banhados pela dimensão divina e transcendente da vida. Em cada um(a) de nós estão o feminino e o masculino, o bem e o mal, o sagrado e o profano.

Universalidade, sim; fechamento, não!

Outra particularidade da teologia de Lucas é sua abertura ao "universalismo"[36] racial e social. Diríamos hoje, até, ecológico e holístico, pois Lc 3,6 afirma que "toda carne verá a salvação". A categoria "carne" não se restringe ao ser humano, mas abarca toda a criação, todas as criaturas.

Os evangelhos de Marcos e Mateus oferecem sinais de uma dimensão universalista. Por exemplo, a entrada de Jesus em território pagão e a conclusão do evangelho de Mateus fazendo referência a uma missão universal para os discípulos (Mt 28,19-20). No evangelho de Lucas existe somente um episódio em que Jesus teria ido ao território estrangeiro na "região dos gerasenos", do outro lado do Rio Jordão (Lc 8,26-39), enquanto

---

[36] Colocamos aspas, porque não se trata de um universalismo abstrato, que afirma a salvação de Deus para todo mundo indistintamente, sem colocar opções e exigências. Trata-se de um universalismo que tem como referência os pobres e pecadores(as), doentes, marginalizados(as) e excluídos(as) (Lc 4,18).

em Atos a missão da comunidade cristã se expandirá até os "confins da terra".

Nos Atos dos Apóstolos, as referências à universalidade da salvação são tão claras e abundantes que não deixam a menor dúvida de que essa temática é uma das preferidas do terceiro evangelista. Como exemplo podemos citar a inegável prioridade que Lucas dá aos samaritanos.[37]

A narração de Lucas, no evangelho, está cheia de prefigurações de uma futura abertura para reconhecer que o Reino de Deus está também no meio dos não judeus, o que se confirma nos Atos dos Apóstolos com a abertura "aos de fora". Já no início do evangelho aparece o tema do universalismo, ao dizer que Jesus será "luz para as nações" (Lc 2,30-32). Ainda antes da missão pública de Jesus já se assinala que "toda carne verá a salvação..." (Lc 3,6), anunciando que a ação de Jesus virá trazer a salvação de Deus, superará barreiras, transporá fronteiras, romperá limites.

A expansão da mensagem de libertação e salvação, prometida originalmente a Israel, aflora com diversas conotações ao longo do ministério público de Jesus. Por exemplo, o movimento ascendente da genealogia, a qual não para em Davi ou em Abraão — como no evangelho de Mateus —, mas passa pelas gerações até chegar a Adão e ao próprio Deus (Lc 3,23-38). Com isso o autor da obra lucana indica a relação de Jesus, Filho de Deus, com a totalidade do gênero humano.

No discurso programático, feito na sinagoga de Nazaré, Lucas evoca os profetas Elias e Eliseu, que saíram do país e misturaram-se com os "estrangeiros" (Lc 4,24-27). Ao relatar a "ressurreição" do filho da viúva de Naim (Lc 7,11-17), Lucas evoca 1Rs 17,17-24, perícope em que Elias "ressuscita"

---

[37] Cf. Lc 9,52-53; Lc 10,33; 17,16; At 8,4-40.

o filho de uma viúva de Sarepta, uma anônima, estrangeira e excluída. Foi pela solidariedade na dor que o profeta foi visto pelos pobres como "um homem de Deus e como profeta" (1Rs 17,24). O relato sobre a viúva de Naim faz reminiscência também a 2Rs 4,18-37, em que Eliseu, continuando o espírito de Elias, "ressuscita" o filho de uma sunamita, outra anônima, estrangeira e excluída. Jesus é reconhecido como o maior dos profetas (Lc 7,16) por ser compassivo e misericordioso. É a partir dos pequenos e dos últimos que Jesus se revela como libertador e salvador.

Jesus fala do banquete do reino, critica duramente a sua geração e, abrindo braços e coração, convida "todos" para o banquete (Lc 13,28-29), sem discriminar ninguém. Em Lc 14,15-24, o Reino é apresentado como um banquete em que Deus reúne os seus convidados, depois de os representantes da "religião oficial" terem recusado o convite por causa de seu apego à idolatria do poder. No final apresenta um duplo mandato: o primeiro — "sai correndo às praças e ruas da cidade" (Lc 14,21) — refere-se, provavelmente, aos judeus;[38] o segundo — "sai pelos caminhos e trilhas" (Lc 14,23) — simboliza um convite aos não judeus, os marginalizados da sociedade e da religião. A parábola do "filho pródigo", ou melhor, "do Pai Misericordioso" (Lc 15,11-32), faz uma leitura alegórica, que pode também ser interpretada na perspectiva universal. O filho mais velho (e de casa) representa "os judeus" que se fecham e se consideram os únicos dignos de ser considerados filhos de Deus. O filho mais novo representa "os gentios" que se abrem ao Evangelho e acolhem-no; por isso, esse filho é apresentado como modelo a ser seguido pelos discípulos.

---

[38] Lucas não diz que o povo judeu, em sua totalidade e como tal, rejeitou Jesus e a sua mensagem de salvação.

No caminho de subida para Jerusalém, Jesus cura dez leprosos (Lc 17,11-19). Nesse relato, Lucas faz questão de dizer que o único que voltou dando graças a Deus para agradecer era um samaritano (Lc 17,16), um estrangeiro (Lc 17,18), colocado como paradigma a ser seguido pelos discípulos, porque apresentou fé madura, nascida da esperança (Lc 17,12-13), foi dócil à Palavra de Jesus (Lc 17,14), revelou gratidão (Lc 17,16). Com isso, ele não só recebe a cura, mas é salvo.

Nos evangelhos de Mateus e Marcos, os samaritanos aparecem, mas pede-se que sejam evitados (cf. Mt 10,5). Com Lucas temos um processo de expansão da Palavra de Deus. Isso aparece com toda claridade em Atos: a mensagem cristã é anunciada primeiramente em Jerusalém e aos procedentes da diáspora (At 2,5.6; 6,8), aos samaritanos (At 8,4), a um "eunuco" etíope (At 8,27), aos judeus da cidade de Lida, da planície de Saron e da cidade de Jafa (At 9,32-43), e finalmente aos gentios, começando pela conversão de Cornélio, centurião romano residente em Cesareia Marítima (At 10,1–11,18).

O universalismo de Jesus vai além do âmbito "geográfico" e racial. É muito mais forte no sentido social. Jesus mantém um relacionamento aberto com os mais diversos representantes de todas as classes sociais marginalizadas e/ou excluídas: *samaritanos, publicanos* (Lc 5,27: Levi; Lc 19,2-10: Zaqueu), *grupos de publicanos* (Lc 5,29-30; 7,29.34; 15,1), um *anônimo* (Lc 18,1-13), *os pecadores* (Lc 7,36-50: a pecadora pública), a parábola do filho pródigo (Lc 15,11-32), as *mulheres* (Lc 7,11-17: a viúva de Naim), *a pecadora* (Lc 7,36-50), *o grupo de mulheres que o seguia* (Lc 8,2-3), *Marta e Maria* (Lc 10,38-42), *a mulher encurvada* (Lc 13,1-17), *a que perdeu uma moeda* (Lc 15,8-10), *a viúva insistente da parábola* (Lc 18,1-8), *a viúva pobre que dá tudo o que tem* (Lc 21,1-4), *as mulheres de Jerusalém* (Lc 23,27-31) e *os pobres*, a quem faz referência explícita em seu discurso programático de Nazaré

(Lc 4,18), na primeira bem-aventurança (Lc 6,20; 7,22; 14,13) na parábola do rico e do Lázaro (Lc 16,20; 18,22; 21,1-4), até o "bom" ladrão (Lc 23,43) etc.

Jesus Cristo não faz discriminação de pessoas nem de classes. Uma boa síntese da abertura de Jesus está na conclusão do encontro com Zaqueu: "O filho do Homem veio para buscar o que estava perdido e para salvar" (Lc 19,10). As esplêndidas "parábolas da misericórdia" (Lc 15,4-7.8-10.11-32), tão características de Lucas, também refletem a dimensão universal da abertura de Jesus e dos primeiros cristãos e cristãs.

Para apreciar todas as implicações sociais que uma atitude tão aberta como a de Jesus podia comportar, em seu trato com toda classe de pessoas, deve-se estudar atentamente o ambiente da época e o absoluto desprezo com que se tratavam as pessoas das classes marginalizadas e excluídas. Basta recordar que na época de Jesus e na dos evangelhos, esta uns cinquenta anos mais tarde que aquela, vigorava na sociedade a teologia da retribuição, que dizia: se uma pessoa estava sadia e rica era porque era boa, logo, abençoada por Deus. Se outra pessoa estava doente e pobre, era pecadora e por isso havia sido amaldiçoada. A pobreza e a doença eram vistas como castigo de Deus. A teologia de Lucas supera essa visão tacanha e reducionista: propõe a libertação de pobres e doentes, que começa com a convicção de que Deus ama todos (e tudo) a partir das vítimas. Deus faz chover sobre os bons e os maus. Pobreza e doenças têm causas históricas e não são "castigo de Deus". É a teologia da gratuidade no lugar da teologia da retribuição. Para Lucas, o que vale é gratuidade, sim; retribuição, não.

Enfim, podemos dizer que Jesus, segundo Lucas, com projeto totalmente oposto ao do Império Romano, demonstra opção, preferencial e audaciosa, pelos oprimidos, marginalizados e excluídos, pois são os preferidos de Deus.

Mulheres protagonistas, sim; patriarcalismo, não!

Na cultura do século I E.C., a mulher não podia participar da vida pública. A sua função restringia-se à vida familiar, onde exercia sua influência na organização interna da casa (*oikia*). Como a Igreja funcionava no interior das casas, a mulher tinha um papel eclesial ativo. A criação de "Igrejas domésticas" possibilitou maior influência e participação da mulher. Desde as origens até hoje, as mulheres chegam para ficar. Mesmo sem ser notadas, sem ser contadas, muitas vezes silenciadas, as mulheres são atuantes nas comunidades. É preciso vasculhar os textos, perceber sua presença e descobri-las atuantes, ontem e hoje.

Os textos bíblicos falam pouco das mulheres, quem sabe, por ser tão evidente a participação delas no dia a dia das comunidades. A herança desse primeiro século foi desviada de nós pela corrente que prevaleceu na história — a que "unificou" o cristianismo, considerando-o "ortodoxo", e descartou a influência e a liderança das mulheres, excluindo-as da plena participação nos ministérios da Igreja.

As mulheres têm presença e participação marcantes no evangelho de Lucas, mais do que nos demais evangelhos sinóticos. A ação universal de Deus e de Jesus vai aonde ninguém quer ir, envolve quem está excluído. Parece até que as comunidades de Lucas já cantavam para todos: "Vem, entra na roda com a gente, também, você é muito importante...".

Desde o início do evangelho de Lucas, as mulheres dão o tom: Maria, a mãe de Jesus; Isabel, repleta do Espírito Santo; e Ana, senhora idosa, assídua orante no templo. Rompendo uma linhagem patriarcal, o anjo Gabriel, mensageiro de Deus, aparece a Maria (Lc 1,28-30) e não a José, como no evangelho de Mateus (cf. Mt 1,20-21). Para Lucas, Maria foi a primeira a acreditar, a ter fé no Deus da Vida (Lc 1,38.45; 2,19.51). Zacarias, homem idoso e sacerdote, reage com dúvidas à anunciação do anjo Gabriel, enquanto Maria, a jovem, moça simples de Nazaré, acredita. Nota-se um contraste colocado propositalmente por Lucas. O normal seria um homem idoso, portanto experiente e sábio, captar a mensagem de Deus com maior sensibilidade. Zacarias era sacerdote, alguém considerado santo, intermediário entre Deus e o povo. No entanto, quem se revela mais dócil à mensagem de Deus é Maria, uma leiga, mulher nova, pessoa simples. Devemos perceber que também dentro de nós encontram-se os dois polos: a dúvida e a fé, um Zacarias e uma Maria habitam-nos interiormente.

As mulheres se destacam no seguimento de Jesus, acompanhando-o e acolhendo-o. Era inconcebível para um rabino da época de Jesus e dos evangelhos ter um grupo de mulheres que abandonassem o próprio lar para segui-lo, viajando com o seu grupo, na qualidade de discípulas. Por meio do evangelho, porém, ficamos sabendo que um grupo de mulheres *seguiu* Jesus, *servindo e subindo com ele* da Galileia até Jerusalém; um deslocamento geográfico concreto (Lc 8,1-3). O mesmo texto aparece no evangelho de Marcos (Mc 15,41) e apresenta o verbo grego "*akoloutheō*" — quer dizer "seguir" —, que é usado para referir-se ao seguimento de Jesus, tanto para os apóstolos como para as mulheres que o acompanhavam como "diaconisas",[39] colocando em prática o ensinamento do Mestre no serviço (*diaconia*) e na partilha efetiva dos bens. Com ele, percorriam as estradas, como grupo itinerante, anunciando a Boa Notícia aos pobres. Jesus rompe a barreira sexista e machista, correndo o risco de ser tachado de imoral e escandaloso ao entrar e ser acolhido em casa de mulheres sozinhas, como Marta e Maria (Lc 10,38-42). Em suas parábolas, mulheres são colocadas como modelos e paradigmas a ser seguidos

---

[39] De fato, as mulheres nas primeiras comunidades cristãs exercem função de liderança assumindo ministérios iguais aos dos homens: Júnia é chamada por Paulo "apóstola" (Rm 16,7); Febe é denominada diaconisa (*diákonos*), coordenadora (*prostatis*, Rm 16,1-3).

(Lc 15,8-10; 18,1-8). Curioso é o fato de existir obras de arte retratando Deus como o Pai do Filho Pródigo, como o pastor que carrega nos ombros a ovelha perdida. Mas onde está uma representação de Deus como uma mulher que procura a moeda perdida? Por que temos tanta dificuldade de imaginar Deus como mãe, como mulher?

Conhecemos os nomes de algumas delas: Maria, chamada Madalena; Joana, mulher de Cuza; e Susana (Lc 8,3). O evangelista completa dizendo que, além dessas, *várias outras* subiram com Jesus até Jerusalém. Companheiras de estrada, o que não era nada comum para as mulheres judias daquela época. Mulheres independentes acompanharam de perto todos os acontecimentos que culminaram com a execução do carpinteiro de Nazaré na cruz, condenado à pena capital. Após ter acompanhado o desfecho da crucificação, "as mulheres que tinham vindo da Galileia com Jesus" (Lc 23,55) prepararam aromas e, tendo observado o repouso do sábado (Lc 23,55-56), muito cedo lá estavam elas, vencendo o medo e o clima de tensão que provocou a fuga de apóstolos e discípulos. No local do túmulo, ouviram a pergunta dos mensageiros de Deus: "Por que procurais entre os mortos aquele vive? Não está aqui. Ressuscitou! Lembrai-vos de como *vos* falou, quando ainda estava na Galileia" (Lc 24,5-8). O pronome "vos", aqui, refere-se especificamente às mulheres como destinatárias do ensinamento de Jesus na Galileia, transformadas então nas primeiras testemunhas de sua ressurreição.

Maria Madalena é citada nominalmente como discípula de Jesus (Lc 8,1-2) e como testemunha da sua ressurreição (Lc 24,1-10). Ressalte-se que nenhum evangelho diz que Maria Madalena foi uma pecadora. Na história do cristianismo, muitos interpretaram mal a expressão: "Maria Madalena, da qual haviam saído sete demônios" (Lc 8,2). Essa expressão criou uma série de preconceitos contra Maria Madalena. O número sete, sempre simbólico, parece indicar a gravidade da situação. No encontro com Jesus, ela recupera a harmonia interior e entra em um processo de crescimento e amadurecimento pessoal até atingir a plenitude do seu ser na experiência pascal.[40] No evangelho de Lucas (e nos outros evangelhos sinóticos), Maria Madalena é citada em primeiro lugar, indicando sua liderança no grupo de discípulas de Jesus. Por isso, desde o começo da tradição apostólica, Maria Madalena recebeu o título de *apóstola dos apóstolos*, porque ela recebeu a principal ordenação, sem a qual nenhuma outra teria sentido: ela recebeu a ordem de anunciar-lhes que Jesus estava vivo, ressuscitado.

O episódio que relata o encontro de Jesus com a mulher que ia ser apedrejada (Jo 8,1-11) provavelmente fez parte do evangelho de Lucas, durante o processo de redação, e ficou fora da versão final talvez porque tal evangelho já havia enfatizado bastante a dimensão misericordiosa de Jesus. A tradicional perícope da "mulher adúltera" (Jo 8,1-11) é muito preconceituosa pela parcialidade da sentença. No relato não há provas evidentes de que a mulher fosse realmente adúltera e não podemos acreditar, ingenuamente, no que diziam alguns escribas e fariseus. Estes a acusavam de adultério, mas queriam, acima de tudo, armar uma cilada para Jesus. Quem sabe a mulher fosse inocente?! Um nome mais pertinente para a perícope de Jo 8,1-11 seria *a mulher ameaçada de apedrejamento*. Em nenhum manuscrito anterior ao século IV E.C. consta a perícope da mulher ameaçada de morte por adultério. Em manuscritos posteriores ao século IV E.C., ela está inserida depois de Jo 7,52; no evangelho de Lucas, depois de *Lc 21,38* — certamente o lugar mais adequado seria depois de Jo 21,25;

---

[40] Cf. VV.AA. *Raio-X da vida*; círculos bíblicos do evangelho de João. São Leopoldo, CEBI, 2000. p. 133. (Col. A Palavra na Vida 147/148.)

no evangelho de Lucas, depois de *Lc 14,53*.[41] Logo, como atestam os manuscritos e pelo teor eminentemente misericordioso da perícope, é muito provável que tenha integrado de alguma forma a teologia lucana, revelando, mais uma vez, a postura misericordiosa e respeitosa no que se refere às mulheres. Posteriormente a perícope de Jo 8,1-11 foi encaixada no quarto evangelho canônico.

Lucas menciona diversas mulheres nos Atos dos Apóstolos.[42] Elas animam e lideram comunidades, cheias da força do Espírito Santo. Além de Maria, a mãe de Jesus, *Safira* foi a primeira mulher citada como membro efetivo e participante

---

[41] Cf. KONINGS, J. *Evangelho segundo João*; amor e fidelidade. Petrópolis/São Leopoldo, Vozes/Sinodal, 2000. p. 428. (Comentário Bíblico NT.)

[42] Nos Atos dos Apóstolos, as mulheres aparecem em:
At 1,14: "Todos eram unânimes, perseveravam na oração comum com *algumas mulheres, entre as quais Maria*, mãe de Jesus..."
At 5,1-11: O relato sobre *Safira*.
At 5,14: "Mais e mais aderiam ao Senhor, pela fé, multidões de homens *e mulheres*".
At 6,1s: *Viúvas helenistas* discriminadas e excluídas nas comunidades de Jerusalém.
At 8,3: *Mulheres são arrastadas de suas casas*, perseguidas por Saulo para ser colocadas na prisão.
At 8,12: "Homens e *mulheres se faziam batizar*".
At 8,27: Alusão a *Candace, rainha* da Etiópia.
At 9,1-2: "Sofriam perseguições: quer homens, quer *mulheres*".
At 9,36ss: A *discípula chamada Tabita*, notável pelas boas obras.
At 12,12: "*Maria, a mãe de João Marcos*, acolhia cristãos em sua casa para a oração".
At 12,13: *A escrava Rode* e sua participação na comunidade.
At 13,50: *Mulheres nobres, tementes a Deus*, em Antioquia, manipuladas pelas autoridades judaicas, contra Paulo e Barnabé.
At 16,1: A *mãe de Timóteo*.
At 16,11-15: *Lídia* lidera e organiza a primeira Igreja cristã na Europa.
At 16,16-18: A escrava usada como fonte de renda por seus patrões e libertada por Paulo e Silas.
At 17,12: *Mulheres da Bereia* aderem à fé cristã.
At 17,34: *Damaris*, filósofa de Atenas que se converte com o testemunho de Paulo.
At 18,1s: *Priscila*, trabalhadora e missionária, expulsa de Roma, colaboradora de Paulo.
At 21,5: *Mulheres que acompanham Paulo* em sua despedida em Tiro.
At 21,9: *Quatro jovens profetisas*, filhas de Filipe, em Cesareia.
At 23,16: Referência a *uma irmã de Paulo*.
At 24,24: *Drusila*, esposa do procurador romano Félix.
At 25,13.23; 26,30: *Berenice*, esposa do rei Agripa II.

nas decisões da comunidade. Ela se solidarizou com a comunidade ao consentir em vender seus bens e colocá-los a serviço da comunidade. Lucas ressalta que o pecado de Safira não foi o mesmo do seu marido Ananias. Ela pecou pelo fato de não ter reagido em público, na assembleia, ao sistema que regia o casamento patriarcal, segundo o qual era muito difícil a mulher agir de modo diferente do modo do marido. Safira acabou sendo conivente e coautora da traição feita à comunidade e consequente traição ao Espírito Santo.[43]

No tradicional texto da instituição da diaconia, nos Atos dos Apóstolos (At 6,1-7), *viúvas helenistas, pobres e estrangeiras*, aparecem reagindo contra a discriminação (At 6,1s). Lucas não diz que todas as viúvas estavam sendo relegadas na assistência social, mas apenas as viúvas de origem grega. Foi com base no clamor delas que a comunidade se abriu para os helenistas, com a diaconia sendo exercida por homens escolhidos em uma assembleia geral, todos do meio dos excluídos. Com esse relato, Lucas enraizou as comunidades na rica experiência da libertação do Egito, em que mulheres parteiras uniram-se, organizaram-se, rebelaram-se contra um decreto-lei que visava controlar a natalidade, e acabaram contribuindo decisivamente para o nascimento de Moisés, abrindo assim o caminho para o processo de libertação que emergia entre os escravos hebreus no Império Egípcio.

Outra mulher que exerceu liderança libertadora nas primeiras comunidades cristãs foi Tabita. Ela é apresentada como discípula atuante na comunidade (At 9,36-43). "Notável pelas boas obras e esmolas que fazia", efetivou a inclusão de viúvas pobres e estrangeiras na comunidade, trabalhando manualmente

---

[43] Cf. COSTA, J. A. Atos de mulheres no movimento de Jesus. In: VV.AA. *O Espírito de Jesus rompe as barreiras*; os vários "rostos" do cristianismo segundo Atos dos Apóstolos (1–15). (Coleção A Palavra na Vida, 158/159.) São Leopoldo, CEBI, 2001. p. 60.

(tecendo túnicas e mantos). Semelhante ao apóstolo Paulo, Tabita questionou, na prática, a cultura helenística que desvalorizava o trabalho manual.

Maria, a mãe de João Marcos, descrita em At 12,12-17, aparece como ponto de referência para a reunião da comunidade. Abrir a casa para reunião de pessoas ligadas a um movimento que questionava radicalmente o Império Romano e a cultura helenística poderia desencadear perseguição. Dar guarida a presos políticos, como o apóstolo Pedro, poderia atiçar ainda mais a ira do império e seus sustentadores. A mãe de João Marcos aparece assim como pessoa corajosa que assumiu a responsabilidade do seu compromisso no seguimento de Jesus.

A *escrava Rode*, citada nominalmente em At 12,12-17, movimentava-se com toda liberdade e participava com intensidade dos acontecimentos da comunidade, especificamente do episódio da libertação de Pedro. Ela reconheceu Pedro, de longe, ecoando assim a postura sensível do Pai do filho pródigo. Rode foi a primeira a anunciar a libertação de Pedro, assim como Maria Madalena foi a primeira a anunciar a ressurreição de Jesus. Estaria Lucas querendo insinuar que a escrava Rode tinha a mesma dignidade de Maria Madalena?

Lucas nos fala de *Lídia* (At 16,13-15.40), uma líder de comunidade. Ela era comerciante de púrpura e liderava um grupo de mulheres trabalhadoras que produzia um tipo de tinta com base na mistura da planta chamada púrpura com urina de animais. Tingiam lãs e roupas e as vendiam. Lídia colocou sua casa à disposição dos missionários, em um sinal de conversão, insistindo para que fossem seus hóspedes.

Lucas enfatiza a presença de uma *jovem escrava* que fez um contundente anúncio profético: "Paulo, Silas e demais companheiros são servos do Deus Altíssimo e anunciam a todos vocês o caminho da salvação" (At 16,16-18). Aquela jovem escrava captou que Paulo, Silas e companheiros eram enviados de Deus para prestarem um serviço à comunidade de Filipos: apresentar a proposta do evangelho de Jesus. A jovem escrava clamou também por socorro, revelando seu desejo ardente de ser libertada.

Priscila, uma trabalhadora missionária, ocupa espaço relevante nos Atos dos Apóstolos (At 18,18.26-27). Ela aparece sempre ao lado do seu companheiro Áquila e, provavelmente, aderiu à fé cristã antes de conhecer Paulo. Deve ter sido expulsa de Roma pelo edito do imperador Cláudio, em 49 E.C. Como exilada política, Priscila chegou em Corinto, onde acolheu o apóstolo Paulo em sua casa por um ano e meio. A casa de Priscila se tornou uma "igreja" cristã. Tanto Lucas como o apóstolo Paulo colocam o nome de Priscila sempre antes do nome do seu marido, Áquila. Isso pode indicar sua liderança. Priscila conciliava com destreza o trabalho do lar com o trabalho missionário e a fabricação de tendas.

Lucas se refere, em Atos, de passagem, às *quatro filhas de Filipe*, dizendo que eram *profetisas*. Em At 13,1 e 11,27 temos notícia da existência de profetas nas primeiras comunidades cristãs, mas somente em At 21,9 se faz menção à profecia exercida por mulheres. O fato de o cristianismo ter sido, no início, a religião das casas, facilitou a atuação das mulheres nas Igrejas. Lamentavelmente com a institucionalização e a consequente hierarquização das Igrejas, as mulheres foram sendo marginalizadas.

A teologia lucana ajuda na superação da discriminação das mulheres nas Igrejas. "Urge superar todos os dualismos. A começar pelos dualismos entre as próprias mulheres: judias *versus* cristãs; ativas *versus* contemplativas; protestantes *versus* católicas; leigas *versus* religiosas; do lar *versus* profissionais; casadas *versus* solteiras; heterossexuais *versus* lésbicas."[44]

Viver na alegria com entusiasmo

Em todo o evangelho de Lucas os personagens são possuídos de uma estranha alegria. Para Lucas a vida é bela, e quem anda movido pelo verdadeiro espírito de Deus cultiva alegria no coração e entusiasmo. "Viver e não ter a vergonha de ser feliz, cantar a beleza de ser um eterno aprendiz...", propôs o saudoso Gonzaguinha. A felicidade é uma característica do discípulo de Jesus Cristo, segundo Lucas.

A *alegria* perpassa todo o evangelho de Lucas. Em numerosas passagens irrompe o sentimento de alegria gerando festa e regozijo. O anjo anunciou que o nascimento de João Batista traria prazer e *alegria* para muitos (Lc 1,14); quando Isabel ouviu a saudação de Maria, a criança (que será João Batista) salta de *alegria* em seu ventre (Lc 1,44). A Boa Notícia anunciada aos pastores gerou uma grande *alegria* para todo o povo (Lc 2,10).

Os setenta discípulos voltaram da missão vibrando de *alegria*, pois constataram que até os demônios eram expulsos (Lc 10,17), tendo sido corrigidos por Lucas, para que não se vangloriassem como exorcistas. Jesus os alertou: "Não vos alegreis porque os espíritos se vos sujeitem; *alegrai-vos* antes por estarem os vossos nomes escritos nos céus (Lc 10,20)".

No desfecho das três parábolas da misericórdia (Lc 15) — consideradas "o coração do terceiro evangelho canô-

---

[44] Costa, J. A. Atos de mulheres no movimento de Jesus; elas vieram para ficar. In: VV.AA. *Barreiras vencidas! Portas abertas! Atos dos Apóstolos (16–28) e atos que os Atos não contam.* São Leopoldo, CEBI, 2002, p. 105. (Coleção A Palavra na Vida, 169/179.)

[45] Cf. Ramaroson, L. Le coeur du troisième évangile: Lc 15. *Bib* 60, 1979, pp. 248-260.

nico"⁴⁵ — está um sentimento de alegria que gera festa pelo reencontro da ovelha, da moeda e do filho perdidos. A alegria deve ser celebrada, não de forma egoísta, mas envolvendo a comunidade. Por isso, quando o pastor chega em casa, reúne[46] amigos e vizinhos, dizendo-lhes: *alegrai-vos* comigo, porque já achei a ovelha perdida (Lc 15,6). Esse detalhe não aparece no evangelho de Mateus (Mt 18,13). A mulher, após encontrar a moeda perdida, convoca amigas e vizinhas, dizendo: *alegrai-vos* comigo, porque achei a moeda perdida (Lc 15,9). O convite para participar da alegria reaparece nos versículos 22 e 24, após a volta do filho perdido e pródigo. Nas aplicações das parábolas, percebemos que festa na terra sinaliza festa no céu, quando um pecador se converte. O tom de *alegria*, fundamental na parábola da ovelha perdida e na da moeda perdida, refere-se explicitamente ao próprio Deus nos versículos conclusivos de ambos os relatos (Lc 15,7.10).

Nos Atos dos Apóstolos continua a mesma tônica — a *alegria* acompanha missionários, missionárias e o povo participante das comunidades, "perseverando unânimes todos os dias no templo, e partindo o pão em casa, comiam juntos, com *alegria* e singeleza de coração (At 2,46)". Na Samaria, ao anúncio do Evangelho e aos sinais realizados pelos(as) missionários(as), uma grande *alegria* contagiou toda a cidade (At 8,8). Lucas arremata relatos das tramas missionárias com o seguinte refrão: "Os discípulos estavam cheios de *alegria* e do Espírito Santo (At 13,52; 14,17; 15,3)". O apóstolo Paulo, segundo Lucas, cumpria com *alegria* sua missão (At 20,24). Ele subiu a Jerusalém de cabeça erguida, feliz da vida, levando no coração uma *alegria* que irradiava uma mística bonita e humanizadora.

---

[46] O verbo *synkalein* ("reunir", "convocar") é um dos favoritos de Lucas. Cf. Lc 9,1; 23,13; At 5,21; 10,24; 28,17.

Ser compassivo e misericordioso, sim; insensível, não!

Uma das colunas mestras da teologia de Lucas é a compaixão e a misericórdia, a bondade, o amor de Jesus pelos pecadores, marginalizados, pobres e os excluídos (Lc 19,10), explicitados no discurso programático na sinagoga em Nazaré (Lc 4,14-27). No evangelho de Lucas, compaixão e misericórdia verificam-se em ser amigo de pecadores e publicanos (Lc 7,34), na ressurreição do filho da viúva de Naim (Lc 7,11-17), nas parábolas da misericórdia (Lc 15,4-7.8-10.11-32), no episódio-parábola do Bom Samaritano (Lc 10,29-37), na parábola do Filho "Pródigo" (Lc 15,11-32), na experiência de Zaqueu (Lc 19,1-10) e no convite para ser misericordioso (Lc 6,36).

Para melhor compreensão da teologia de Lucas, escolhemos uma passagem para análise mais detalhada. Optamos por Lc 10,25-37, o "episódio-parábola" do Bom Samaritano.

3
Coração aberto e mãos solidárias (Lc 10,25-37)

Diante da realidade de crescente violência social e de exclusão, em que roubos, assaltos, assassinatos e sequestros fazem crescer a insegurança e disseminam o medo, o outro é considerado um inimigo em potencial. Acreditar e confiar no outro passa a ser um desafio. Nesse contexto conflitivo, a "história-parábola" do Bom Samaritano nos dá ânimo e luz, para que nosso comportamento seja mais "evangélico". Em Lc 10,25-37, há muitas semelhanças com o contexto atual. Demonstra-se como o samaritano conseguiu manter *o coração aberto e as mãos solidárias*.

Contexto literário de Lc 10,25-37

O texto de Lc 10,25-37 pertence à quinta parte do evangelho (cf. lauda 17); insere-se no *relato da viagem rumo a Jerusalém: 9,51–19,27*, uma seção inexistente no evangelho de Marcos (Lc 9,51–11,13). Podemos subdividi-la em nove unidades:

Cinco unidades são peculiares a Lucas: *Lc 9,51-56* — Jesus toma a firme decisão de caminhar rumo a Jerusalém e não é acolhido em um povoado samaritano; *Lc 10,1-12* — Jesus fala a respeito da missão dos 72 discípulos; *Lc 10,17-20* — o motivo da alegria dos 72 missionários é revelado; *Lc 10,25-37* — a perícope do bom samaritano; e *Lc 10,38-42* — relato da visita de Jesus a Marta e Maria.

Outras quatro unidades estão em Mateus e Lucas: *Lc 9,57-62* — Jesus apresenta as exigências da vocação missionária; *Lc 10,13-16* — Jesus revela "ai de ti, Corazim! Ai de ti, Betsaida! Pois... quem me despreza, despreza aquele que me enviou"; *Lc 10,21-24* — o Evangelho é revelado aos simples e os discípulos são privilegiados, pois são testemunhas oculares do evento Jesus; e *Lc 11,1-13* — Jesus ensina aos discípulos o pai-nosso, fala sobre o amigo inoportuno e sobre a eficácia da oração.

Contexto histórico de Lc 10,25-37

O início da vida pública de Jesus foi marcado por uma grande e crescente receptividade do seu projeto[1] pelo povo pobre. A princípio, ele fascinava a todos — "As multidões acorriam para Jesus" (Lc 6,17-19) —, mas pouco a pouco Jesus foi aprofundando sua postura, foi radicalizando sua opção pelos pequenos, marginalizados e excluídos da sociedade (Lc 4,18-19). A "lua de mel" com todos, a era de "paz e amor", durou pouco. Começaram a surgir conflitos com poderosos (Lc 13,31), pois sua prática incomodava os interesses dos que viviam explorando o povo. Jesus descobriu que precisava formar com mais profundidade seus discípulos e discípulas, pois percebeu que a adesão popular inicial era "fogo de palha". Os conflitos com os poderosos da economia, da política e da religião aumentavam cada vez mais. Em seus últimos dias, os embates[2] de Jesus com as autoridades judaicas e grupos religiosos e políticos de renome se intensificaram.

Por razões históricas, reinava entre judeus e samaritanos um *grande ódio*. Alguns motivos aparecem nas Escrituras. Os

---

[1] O projeto de Jesus compreende suas ações e ensinamentos como um todo interdependente que se ilumina mutuamente.

[2] Como por exemplo: Lc 19,45-46; 20,9-26; 21,1-4; 22,2.52; todo o capítulo 23.

samaritanos fizeram resistência à reconstrução do templo de Jerusalém, após o retorno do exílio babilônico (cf. 2Rs 17,24-41 e Esd 4,1-5). Em Eclo 50,25-26 os samaritanos são considerados "um povo estúpido".[3] Uma interpretação rabínica[4] de Ex 21,14 diz expressamente que os samaritanos não são "próximos":

> Do lado judeu, a hostilidade era tão grande que nas sinagogas os samaritanos eram frequentemente malditos; os judeus rezavam a Deus para não dar a eles nenhuma parte na vida eterna, recusavam um testemunho feito por um samaritano, não aceitavam nenhum serviço deles.[5]

As relações entre os judeus e os mestiços samaritanos, que estiveram submetidas às mais diversas oscilações, tinham experimentado nos tempos de Jesus especial agravamento, depois que os samaritanos, entre 6 e 9 E.C., durante uma festa da Páscoa, pela meia-noite, tornaram a praça do templo impura, esparramando aí ossadas humanas; reinava de ambas as partes ódio irreconciliável. Vê-se então claramente que Jesus escolhe exemplos extremos.[6]

Vejamos o que afirma o historiador do século I, Flávio Josefo: samaritanos armaram emboscadas para peregrinos que vinham às festas judaicas e o procurador Cumanus, subornado

---

[3] Talvez Eclo 50,25-26 tenha influenciado Jo 4,9, onde diz que os samaritanos não se davam bem com os judeus, e Jo 8,48, que os judeus acusam Jesus de ser samaritano e, portanto, impuro.

[4] Isto é, um *midrash* (pl: *midrashim*), palavra hebraica que significa uma interpretação homilética do texto bíblico (sobre o Primeiro Testamento, pois o "Novo Testamento" dos judeus é a Mishná). *Midrash* é uma palavra derivada de *derash*, que literalmente significa "procurar"; existem dois tipos de *midrash*: a) haláquico (legal), que define a lei, comportamento e a conduta (*halakah*); b) agádico (exegético, homilético, ético), que procura o sentido da "história" bíblica atualizando-a no relato homilético.

[5] FEUILLET, A. Le bon Samaritain (Luc 10,25-37). Sa signification christologique et l'universalisme de Jésus. *Esp Vie* 90, 1980, p. 345.

[6] JEREMIAS, J. *As parábolas de Jesus*. São Paulo, Paulus, 1976. p. 203.

pelos samaritanos, não interveio. Assim judeus atacaram vilas samaritanas e massacraram seus habitantes.[7]

Muitos acontecimentos contribuíram para piorar as relações entre samaritanos e judeus, como a construção de um templo samaritano sobre o Monte Garizim no século IV a.E.C., e que foi destruído pelos judeus sob o reinado de João Hircano. O monte Garizim é muito mais imponente do que o "monte Sião", onde foi construído o templo de Jerusalém. A própria questão geográfica pode ter gerado ciúmes e críticas de ambas as partes.

Também azedou as relações entre samaritanos e judeus a finalização do Pentateuco samaritano na segunda metade do século II a.E.C. O texto sagrado samaritano se reduz ao Pentateuco, os cinco primeiros livros, com algumas diferenças em relação ao Pentateuco judaico-cristão. Por exemplo, a versão samaritana de Dt 27,4 cita o monte Garizim, enquanto a versão judaica de Dt 27,4 faz referência ao monte Ebal. Os samaritanos recusam a canonicidade dos demais livros da Escritura.

Esse "ódio irreconciliável" entre judeus e samaritanos foi cultivado ao longo de quase mil anos de história. É possível que se tenha iniciado com a separação dos Reinos do Norte e do Sul, em 931, quando Roboão ficou como rei em Judá, no Sul, e Jeroboão se impôs como rei em Israel, nas tribos do Norte. Essa separação foi forçada e violenta, e certamente deixou muitas feridas (cf. 1Rs 11,26–12,33). Em 722 a.E.C., o povo do Reino do Norte foi exilado para a Assíria. É provável que os "sulistas" tenham cantado vitória dizendo: "Foram exilados porque eram infiéis à Aliança e idólatras". A Assíria "repovoou" o Norte com pessoas das mais diversas raças e etnias. No coração dos samaritanos do Norte pode ter ficado um ressentimento. A

---

[7] JOSEFO, F. *Seleções de Flávio Josefo*; antiguidade judaica, vol. 3, Ed. Acervo cultural, 1961.

vez dos "sulistas" chegou entre 597 e 587 a.E.C., quando, após várias deportações, foram exilados para a Babilônia. Os judeus do Sul sentiram na pele aquilo que haviam passado os "irmãos" do Norte. Depois vieram as diversas tentativas de retorno para a terra da promessa. A volta do exílio e o processo de reconstrução foram muito complicados, pois havia resistência tanto de judeus como de samaritanos quanto à fixação novamente na terra. É com base nessa história que se entendem os diversos atritos e agressões que se sucederam.

Nos tempos de Herodes, houve grande crescimento econômico, à custa de um alto preço social. Muitas terras de judeus foram expropriadas no Norte, o que gerou uma massa de desempregados urbanos no Sul, com consequentes distúrbios sociais inseridos em um contexto propício para a disseminação da insegurança.

Além de conhecer o contexto histórico que está por trás do texto, é necessário delimitá-lo para se extrair o seu sentido. É o que segue.

Delimitação do texto de Lc 10,25-37

A primeira tarefa da exegese[8] é delimitar o texto. É preciso ter clareza sobre onde ele começa e onde termina. Isso para que o objeto de estudo seja um texto coerente e inteiro, com início, meio e fim. Nunca se deve iniciar um estudo pelo meio de um texto. Os critérios para delimitar um texto são, por ordem de importância, a unidade de tema, de personagens, de tempo e de lugar. Se um desses itens mudar, é sinal que estamos em outra unidade. No texto de Lc 10,25-37 temos o mesmo tema e os

---

[8] Exegese é uma palavra da língua grega que significa *conduzir de dentro para fora, extrair o sentido de um texto*. Ao ler a Bíblia, antes de captar o sentido do texto para nós hoje, é necessário reencontrar o *sentido do texto* na época em que foi escrito. Assim sendo, a exegese pode ser considerada a base necessária para uma boa teologia bíblica.

mesmos personagens, e o tempo e o lugar não sofrem mudanças substanciais. Assim sendo, observamos que o texto de Lc 10,25-37 apresenta uma unidade segundo os critérios mencionados a pouco e por isso o consideramos uma unidade literária:[9] vv. 25-28, introdução; vv. 29-37, continuidade da reflexão sobre a questão levantada pelo escriba. Para alguns estudiosos da Bíblia, Lc 10,25-28 é uma unidade e Lc 10,29-37, outra.

Podemos chamar o texto de Lc 10,25-37 como um "episódio-parábola",[10] no qual a figura central é "um homem semimorto". Em torno dele, diversos personagens se posicionam, em seis cenas:

1ª cena: 10,25-29 – Diálogo de Jesus com o escriba sobre o que fazer para herdar a vida eterna, sem indicação de tempo e lugar precisos, apenas o vago "e nisto".

2ª cena: 10,30 – Um homem, vítima de assaltantes, impotente, quase é reduzido à morte.

3ª cena: 10,31-32 – Um sacerdote e um levita veem o "homem semimorto", distanciam-se, rodeando e evitando o lugar onde ele se encontra.

4ª cena: 10,33-34 – Um samaritano entra em cena: executa uma série de "atos" destinados a recuperar o "semimorto". Cena rica em detalhes.

5ª cena: 10,35 – Mudança de tempo (*no dia seguinte*), introduz uma nova cena, mas a ação não é interrompida. Aparece um novo personagem, o dono da pensão, a quem é recomendado continuar os "cuidados".

---

[9] Por questão de claridade e de metodologia, delimitaremos Lc 10,25-37 usando um pouco de linguagem semiótica. Cf. EGGER, W. *Metodologia do Novo Testamento*; introdução ao estudo científico do Novo Testamento. São Paulo, Loyola, 1994. p. 57.

[10] Usamos essa composição porque Lc 10,25-37 não é somente parábola nem só episódio, mas é "episódio e parábola".

6ª cena: 10,36-37 – Conclusão: aplicação do "episódio-parábola" (Lc 10,30-35) às questões levantadas pelo escriba nos versículos 25 e 29.

Os personagens de Lc 10,25-37

Vamos observar quem são os personagens que aparecem no texto, o que se fala a respeito deles. Nos versículos 24 e 25 percebemos mudança de personagens e de tema. Inicia-se, portanto, uma nova perícope. Por isso, a perícope que nos interessa começa em Lc 10,25 e vai até o versículo 37. Nela aparecem o escriba, Jesus, um homem assaltado, um sacerdote, um levita, um samaritano e um dono de pensão.

Estando a sós com seus discípulos — a quem Jesus faz referência nos versículos 23 e 24 como "os olhos que podem conhecer os mistérios" —, ele "exulta no Espírito Santo" (Lc 10,21-24). Em Lc 10,25 aparece um novo personagem, um escriba, o qual apresentará a Jesus uma questão.

Devemos caracterizar os personagens que aparecem em Lc 10,25-37:

Escriba: homem identificado pela função de especialista na lei mosaica.

Jesus: protagonista de todo o enredo, dirige a reflexão em torno da pergunta feita pelo escriba sobre o que fazer para herdar a vida eterna.

Homem assaltado e ferido: "Único personagem que não foi identificado por uma marca social ou geográfica".[11] Dele se diz somente que viajava de Jerusalém para Jericó. Estava em movimento, depois foi "imobilizado". Levado para uma hospedaria por um samaritano, onde ficou em "recuperação".

---

[11] RODET, C. La Parabole do Samaritain. Un indû pour la vie. *SémiotBib* 83, 1996, p. 22.

Observem que Lucas não cita nenhum nome dos personagens desse "episódio-parábola", exceto de Jesus.

Assaltantes: são diversos, e o "homem" está "no meio deles", "entre as mãos deles". O foco não está na ação dos assaltantes, mas no estado deplorável no qual o assaltado foi deixado.

Sacerdote: identificado pelo seu papel no templo. Como o assaltado, passa pela mesma estrada e no mesmo sentido: "Descia de Jerusalém para Jericó" (10,31). Seus "interesses pessoais",[12] como também do levita, são mais importantes do que socorrer um ferido, ameaçado de morte.

Levita: personagem "semelhante" ao sacerdote, também identificado pelo seu papel no culto. Como o assaltado e o sacerdote, transita pela mesma estrada e no mesmo sentido. Como figuras do culto, o sacerdote e o levita representariam, em Lc 10,30-35, um tipo de piedade que favorece o sacrifício em detrimento da compaixão. Contra isso se levantou Oseias 6,6 (Mt 9,13; 12,7), que enfatiza "quero misericórdia e não sacrifício".

Samaritano: personagem anônimo; identificado pelo seu país de origem; estrangeiro; impuro, segundo os judeus. "Está em viagem", no mesmo movimento que os três primeiros personagens; não se sabe se ele ia ou vinha de Jerusalém e este detalhe é importante: tanto o assaltado quanto o sacerdote e o levita viajavam no mesmo sentido, de Jerusalém para Jericó, mas é possível que o samaritano estivesse viajando na direção contrária. Isso pode significar que o samaritano tinha suas responsabilidades pessoais; estava "em viagem" (de Jerusalém a Jericó?) trabalhando. Enquanto isso, o sacerdote e o levita

---

[12] Há distinção entre, de um lado, o substantivo *eleos* (misericórdia) em Oseias e Mateus e, de outro, o verbo *esplanchnisthê* (sentir compaixão) em Lc 10,33.

estavam *voltando* de seu turno de trabalho no templo, e esta circunstância lhes daria maior disponibilidade de tempo.

Dono da pensão: identificado pela sua profissão; não está em viagem por aquela estrada, mas tem uma hospedaria em um determinado ponto da estrada, onde exerce a profissão de acolher as pessoas. "O dinheiro que ele recebe faz dele quase uma extensão impessoal do samaritano."[13]

Além da caracterização dos personagens, é importante observar também as referências a lugares que aparecem no texto.

Lugares em Lc 10,25-37

O lugar onde teria acontecido o "diálogo" do escriba com Jesus não aparece na perícope de Lc 10,25-37, mas sabemos que foi no caminho para Jerusalém, conforme indica o texto de Lc 9,51-55. Jesus e seus discípulos não foram acolhidos em um povoado samaritano; partiram para "outro povoado" (Lc 9,56). Logo em seguida, Jesus encontra-se no povoado de Marta e Maria (Lc 10,38). O "episódio-parábola" de Lc 10,30-35 acontece na estrada de Jerusalém para Jericó, lugar geográfico conhecido e de importância religiosa, pois era uma das estradas de acesso ao templo de Jerusalém. Outros "lugares" são mencionados nesse "episódio-parábola": o lugar sobre o qual o homem está semimorto, à margem; "sobre uma cavalgadura" (lugar elevado); uma pensão. Mas o lugar geográfico entre Jericó e Jerusalém é vago. Apenas sabe-se pelo evangelista que essa narrativa situa--se no trajeto entre Jericó e Jerusalém.

Além da localização geográfica da narrativa, é imprescindível observar também a noção de tempo que aparece na trama.

---

[13] BOERS, H. Traduction semantique, transculturelle de la parabole du bon samaritain. *SémiotBib* 47, 1987, p. 21.

Tempo em Lc 10,25-37

As indicações de tempo são igualmente vagas e escassas. Não há nenhuma referência de tempo desde o início da perícope. A partir do versículo 29, a "história" é contada com os verbos no tempo passado, na forma narrativa. A única ação no presente, descrita na forma imperativa, é "Cuide dele!" e no futuro é a promessa de recompensar o dono da pensão: "Eu te pagarei" (Lc 10,35). Três referências de tempo existem no texto de Lc 10,29-37:

1) "Jesus respondeu: 'Um homem ia descendo de Jerusalém para Jericó, e caiu nas mãos de assaltantes, que lhe arrancaram tudo, e o espancaram. *Depois* foram embora, e o deixaram quase morto'" (Lc 10,30).

2) "*No dia seguinte,* pegou duas moedas de prata, e as entregou ao dono da pensão, recomendando: 'tome conta dele'" (Lc 10,35).

3) "*Quando eu voltar,* vou pagar o que ele tiver gasto a mais" (Lc 10,35).

Essas três referências de tempo — *depois, no dia seguinte* e *quando eu voltar* — sustentam a ideia de que a ação misericordiosa empreendida pelo samaritano não se tratou de um ato isolado e momentâneo, mas foi um processo longo, constituído por uma série de ações articuladas que demandou tempo e, por isso, deixou marcas profundas, configurando-se como solidariedade gratuita e libertadora.

Após localizar no tempo e no espaço a narrativa e identificar bem os personagens, é imprescindível analisarmos com profundidade a temática abordada no texto de Lc 10,25-37.

Temática em Lc 10,25-37

A perícope de Lc 10,25-37, exclusiva do terceiro evangelho, não se preocupa em definir a questão "quem é o meu próximo?". A narrativa reflete sobre a misericórdia, redimensiona a pergunta do escriba e revela-nos que o primordial não é saber *quem é o meu próximo*, mas "fazer-se próximo". É nítido

> o contraste fundamental da narração. O sentimento de lástima e as atenções que presta um "herege e cismático" samaritano a um pobre homem, vítima de assaltantes das estradas, contrasta vivamente com a insensibilidade e a absoluta despreocupação, talvez inspirada pela própria lei, dos representantes qualificados do culto judeu; precisamente aqueles que, por sua função e pela sua pertença a uma determinada tribo, tinham por missão "purificar" os afetados por alguma contaminação de ordem física (confira as funções do "sacerdote" em Lv 12.13.15).[14]

As prescrições sobre a impureza legal que se contraía por contato com um cadáver também faziam parte da Bíblia dos samaritanos, conhecida como *Pentateuco samaritano*. Mesmo assim essa prescrição não foi obstáculo para que um samaritano, protagonista da nossa "história", depois de ver, se aproximasse, se comovesse e se envolvesse com um homem semimorto, em uma solidariedade gratuita e libertadora.

Na perícope que segue o nosso texto temos Jesus na casa de Marta e Maria (Lc 10,38-42). O lugar muda: Jesus, "estando em viagem, entrou em um povoado, e certa mulher, chamada Marta, recebeu-o em sua casa. Sua irmã, chamada Maria...". Jesus entra em um povoado e encontra novos personagens, Marta e Maria, e o assunto também muda. O tema é outro:

---

[14] FITZMYER, J. *El evangelio segun Lucas*. Madrid, Cristandad, 1987. v. 3, p. 279.

trata da "participação da mulher na vida pública" ou "a escuta da palavra de Jesus". Eis mais um sinal de que a perícope que iniciou-se em Lc 10,25 termina em Lc 10,37. Se Lc 10,25-37 apresenta-nos um incisivo contraste entre o samaritano e os representantes do judaísmo, o sacerdote e o levita, também Lc 10,38-42 (episódio seguinte) coloca uma oposição entre dois tipos de reações: Marta, a anfitriã "perfeita", "rainha do lar", e Maria, modelo de discípula, mulher do mundo público, aquela que coloca o "ouvir o mestre" acima de tudo. Muda, portanto, o enfoque, mudam os personagens, o que quebra a unidade de Lc 10,25-37.

Estudo literário

Após fazer a delimitação da perícope observando a indicação de personagens, lugares, tempo e temática, análise que nos deu condições de perceber a perícope (Lc 10,25-37) como sendo uma unidade inteira, vamos agora ao estudo literário do texto em duas grandes partes.

Subdivisão do texto

O texto de Lc 10,25-37 está organizado em duas partes de tamanhos diferentes com estruturas literárias com várias equivalências, conforme se segue:

1ª parte (Lc 10,25-28)	2ª parte (Lc 10,29-37)
Pergunta do escriba	Pergunta do escriba
Contra-pergunta de Jesus	Jesus narra um episódio paradigmático
O escriba cita a lei	Contrapergunta de Jesus Resposta do escriba
Diretiva de Jesus	Diretiva de Jesus

Duas palavras gregas — *plēssion* e *poiei* — funcionam como um elo entre a primeira parte (Lc 10,25-28), uma introdução, e a segunda parte (Lc 10,29-37), o desenvolvimento propriamente dito. *Plēssion*, em grego, significa "próximo", "companheiro". Aparece três vezes, nos versículos 27, 29 e 36. *Poiei* é a forma imperativa do verbo fazer, em grego. Aparece também três vezes, nos versículos 28, 37a e 37b. Logo, "próximo" e "fazer" são duas colunas mestras no texto. Percebe-se uma ênfase sobre o *outro*, um desinstalar-se de si mesmo e uma defesa forte de uma prática libertadora, de ação concreta. Sinalizam que uma postura misericordiosa implica sair de si mesmo, arregaçar as mangas e colocar *mãos à obra*. Não bastam boas intenções.

Na segunda parte (Lc 10,29–37) temos o episódio-parábola propriamente dito (Lc 10,30-35) e a sua aplicação (Lc 10,36-37). O autor da obra lucana narra um episódio, colocando-o como referência para nortear nossas ações, e, no final, de uma forma socrática, aplica o caso para iluminar a pergunta levantada pelo escriba no final de um diálogo sobre o caminho a ser seguido para alcançar a vida em plenitude.

Nos versículos 25-27 encontramos a primeira questão levantada pelo escriba e alguns textos bíblicos do Primeiro Testamento que apareceram para iluminar a questão, em um diálogo profundamente educativo (Dt 6,5 e Lv 19,18).

No versículo 28, Jesus responde citando, implicitamente, um texto de Lv 18,5: "Faça isso e viverás". Importante observar que Jesus não diz "terá vida eterna", mas diz "viverás". Em outros termos, o Jesus de Lucas quer provocar conversão nos discípulos e discípulas que estavam olhando para o céu, esquecendo-se de abraçar a terra. Olhe para o "aqui e agora!". Eis o caminho que leva à vida em plenitude.

Nos versículos 29-36 temos a exposição (e o significado) do "episódio-parábola", a qual se liga aos textos iniciais pelas palavras *plēssion* e *poiei*.

No versículo 37 temos a conclusão que faz alusão ao segundo texto de Levítico (Lv 18,5): O especialista em leis respondeu: "Aquele que praticou misericórdia para com ele". Então Jesus lhe disse: "Vá, e faça a mesma coisa".

Introdução (Lc 10,25-28)

No episódio anterior à perícope que estamos estudando, Jesus havia estabelecido um contraste entre "a gente simples" e "os sábios e entendidos" (Lc 10,21-24). Continuando a narração da viagem de Jesus para Jerusalém (Lc 9,51), Lucas introduz um representante "dos sábios e entendidos", um escriba que quer colocar Jesus e sua doutrina à prova (Lc 10,25-28):

> Jesus acaba de proclamar "felizes" seus discípulos por terem "visto" e "ouvido" (Lc 10,24); agora, essa "bem-aventurança" desemboca em um conselho sobre a "vida eterna", sobre o caminho prático para possuí-la: o amor a Deus e o amor ao próximo.[15]

Nos evangelhos encontramos basicamente dois tipos de perguntas dirigidas a Jesus. Uma é a pergunta feita pelos marginalizados e excluídos, que pedem para andar, para voltar a enxergar, para ser curados, para ser saciados. Com a vida ameaçada aqui e agora, eles clamam por vida aqui e agora. O outro tipo de pergunta dirigida a Jesus nos evangelhos são aquelas feitas por pessoas ricas, as quais já têm o aqui e agora assegurados e estão preocupadas com o pós-morte. Neste grupo se insere a pergunta de Lc 10,25: "Mestre, que coisa devo fazer para herdar a vida eterna?"

---

[15] FITZMYER, *Lucas...*, cit., v. 3, p. 265.

A pergunta sobre o caminho para alcançar a "vida eterna", feita por um "escriba", aparece também em Lc 18,18 na boca de um rico notável. O evangelista tem a finalidade de reforçar a importância do decálogo como caminho para a vida plena. À primeira vista, parece que estamos diante de duas tradições diferentes ou em face de episódios distintos do ministério de Jesus.

A narrativa do rico notável tem a ver com o episódio-parábola do bom samaritano? Qual a relação que podemos estabelecer entre essas duas passagens do evangelho de Lucas? Considerando que os mandamentos recordados em Lc 18,20-23 se referem todos à relação com o "próximo" (Lc 10,29-37), podemos dizer que a preocupação com "vida eterna", reincidente no evangelho de Lucas, recebe um tratamento sintonizado, segundo o qual o caminho para a "vida eterna" passa necessariamente pela relação fraterna com o "próximo".

> O primeiro mandamento exige um total e absoluto amor a Deus, como dedicação que abarca todo o âmbito da pessoa; os três — ou quatro — constitutivos pessoais que se mencionam: "coração", "alma", "força" e ("mente") expressam a totalidade indivisa da consagração a Deus. O segundo mandamento,[16] que provém de outra codificação legislativa, como é o chamado "Código de Santidade" (Lv 17–26), inculca o amor ao próximo, isto é, ao próprio compatriota, ao membro da mesma raça, ao israelita.[17]

"Amar a Deus" é uma das constantes características de todo o corpo deuteronomístico[18] e está intimamente interligada com "amar o próximo". Não existe um amor integral a Deus

---

[16] Presente também em Gl 5,14; Rm 13,9 e Tg 2,8 como uma síntese da lei mosaica e dos Profetas.
[17] FITZMYER, *Lucas...*, cit., v. 3, p. 268.
[18] Cf. Dt 11,13.22; 19,9; 30,16; Js 22,5; 23,11.

se falta amor ao próximo. O caminho que leva a Deus passa necessariamente pelo próximo. Dedicar-se a Deus e ao próximo são duas faces da mesma medalha e é significativo que Dt 6,5 e Lv 19,18 estejam em Lc 10,27 como uma "leitura" da lei que revela a íntima ligação entre amar a Deus e amar o próximo: "O que está escrito na lei? Como tu lês?" (Lc 10,26).

Após analisar a introdução do episódio-parábola, passaremos agora à análise do episódio-parábola propriamente dito.

"Episódio-parábola" (Lc 10,29-35)

Para entender bem o sentido da narração em Lc 10,29-35, devemos considerar vários aspectos relevantes na narrativa.

Primeiro, a condição privilegiada dos sacerdotes e levitas no âmbito do judaísmo palestinense da época. Eles eram, por excelência, os líderes da religião judaica. Considerados por muitos como "estando mais perto de Deus", deles se esperava um maior devotamento.

Em segundo lugar, não podemos esquecer a impureza ritual que derivava do contato com um cadáver. O sacerdote e o levita pensaram que a pessoa caída à margem da estrada estivesse morta? Se assim fosse, eles, para respeitar a lei da pureza e da impureza, deveriam manter-se distantes para continuar puros. Essa hipótese é improvável, pois estavam voltando do trabalho. Teriam tempo para purificar-se antes de regressar ao templo para o próximo turno de trabalho.

Conforme ressaltamos no contexto histórico das relações entre judeus e samaritanos, temos de considerar o preconceito que havia entre eles.

A própria forma estilística do "episódio-parábola" é profundamente relevante. Com repetição progressiva, somente na terceira chega-se a um desfecho favorável. Isso cria um suspense e prende a atenção do leitor. E é de fácil memorização, o que se revela tremendamente pedagógico em uma cultura em que predominava a oralidade, com um índice grande de iletrados.

Em Lc 10,29, com a pergunta do escriba "quem é meu próximo?", estabelece-se a conexão de Lc 10,25-28 com Lc 10,29-37. Na segunda parte (Lc 10,29-37), Jesus não responde imediatamente, mas acrescenta o "episódio-parábola" e indica a importância que deu ao escriba, que lhe perguntou. A lei apresenta uma resposta mais direta, enquanto o "episódio-parábola" interroga e interpela, o que é muito mais incômodo. Jesus não dava respostas prontas. Ao não responder diretamente e ao contar um "episódio-parábola", Jesus agiu pedagogicamente, transformando o escriba em próximo. Jesus não o excluiu, mas empreendeu uma caminhada pedagógica que visava promover a conversão do escriba.

É preciso, agora, ater-se à aplicação que o evangelho faz do episódio-parábola.

Conclusão do relato (Lc 10,36-37)

Jesus, depois de contar o "episódio-parábola", retomou o diálogo com o escriba redimensionando completamente a pergunta feita no versículo 29: "Quem é o meu próximo?". Jesus perguntou: "Na sua opinião, qual dos três foi o próximo do homem que caiu nas mãos dos assaltantes?" (Lc 10,36). Essa nova pergunta redimensiona completamente a forma de entender a relação com o próximo. A relação se dará não mais com base em mim mesmo, mas sim com base no outro, e principalmente o outro que sofre.

Para o sacerdote e o levita, o homem semimorto havia-se transformado em um obstáculo, enquanto para o samaritano esse mesmo homem caído à beira do caminho transformou-se em motivo para proximidade. O sacerdote e o levita não apenas ignoraram o homem semimorto, mas foram-lhe indiferentes, distanciaram-se e contornaram o "obstáculo". De outro modo, o escriba, mesmo evitando pronunciar a palavra samaritano, reconhece o samaritano como referência a seguir (Lc 10,37). Jesus, com dois imperativos — *vá* e *faça* —, convida o escriba a ser um discípulo do "bom samaritano", o que pode causar desconforto, pois normalmente se pensa que só se pode ser discípulo de Jesus.

"Discordância" entre os versículos 29 e 36

O escriba perguntou: "Quem é o meu próximo?" (Lc 10,29). E Jesus, depois de contar o "episódio-parábola", perguntou ao escriba: "Qual dos três te parece que se tornou próximo daquele que caiu nas mãos dos salteadores?" (Lc 10,36).

Lucas, no seguimento de Jesus, com o "episódio-parábola", transforma a pergunta do escriba em tomada de consciência da sua concepção medíocre em relação à antiga tradição. Segundo esta, o próximo era um conterrâneo, um compatriota. Bastava ser solidário com os membros do mesmo país. Isso, muitas vezes, ocasionava a exclusão dos estrangeiros e de tantas outras categorias sociais. Jesus quer fazer o escriba dar um salto de qualidade e reconhecer uma nova visão de acordo com o universalismo por ele introduzido. Lucas escreveu para quem já conhecia o evangelho de Marcos, portanto escreveu para formar os seus discípulos[19] e não somente para informar. É provável que no meio dos discípulos de Jesus alguns estivessem agindo como o escriba, o que nos leva a concluir que um dos objetivos de Lc 10,25-37 é alertar os discípulos com

---

[19] Representados na "figura" de Teófilo (Lc 1,3-4).

posturas semelhantes às do escriba para que se convertam e transformem-se em melhores discípulos.

Não podem passar despercebidos os versículos-chave do episódio-parábola. São os versículos 33-35. É fundamental revelar a riqueza de detalhes com a qual eles são descritos.

Versículos-chave de Lc 10,25-37

Os versículos 33 a 35 descrevem o comportamento do samaritano, são riquíssimos em detalhes e constituem a coluna vertebral do processo que começa com a compaixão e deságua na misericórdia; são a referência com base na qual se define a identidade de cada um dos personagens de Lc 10,25-37. Vamos, agora, em busca das palavras do próprio texto, a fim de sondar seu significado mais profundo.

O samaritano percorre os seguintes passos interligados e interdependentes (Lc 10,33-35):

"Certo samaritano..." anônimo, pois não é revelado o nome dele; herege, segundo a religião judaica; impuro, segundo o povo judeu; pagão, segundo a cultura judaica; representante dos samaritanos, que por novecentos anos foram discriminados pelos judeus.

O samaritano "em viagem, se aproxima" da realidade do caído e semimorto. Não passa adiante. Não levanta teorias que justificam a exclusão e aliviam a própria consciência. Interrompe seus planos e deixa-se guiar pelo inesperado, pelo inédito, pelo que acontece. O samaritano estava em viagem porque estava trabalhando. Estava ocupado e provavelmente também preocupado com suas responsabilidades. Mas, por ironia da história, as pessoas que encontram mais tempo são as mais ocupadas. Diz a sabedoria dos engajados: "Se precisar de ajuda, procure alguém que está muito ocupado, pois este terá mais tempo". Quem pouco trabalha não encontra tempo para ser solidário. Não encontra tempo para nada e ao mesmo tempo nada faz em prol de si mesmo e dos outros. Tempo é questão de preferência. Quem ama verdadeiramente sempre encontra tempo para estar com a pessoa amada. Encontra o seu jeito de multiplicar o tempo e conquista o tempo necessário para estar com o outro. O sacerdote e o levita voltavam do trabalho e teriam, em tese, mais tempo para dedicar ao pobre assaltado, mas foram insensíveis. O samaritano usa seu precioso tempo para ser solidário.

O samaritano "chega junto...". Não fica a distância, na arquibancada da vida; aproxima-se do outro que está em apuros. Padre Júlio Lancellotti, vigário episcopal do povo da rua, da cidade de São Paulo, certa vez, quando saía da prisão, foi nervosamente interpelado pelo diretor da prisão: "Pode voltar lá dentro, pois os menores infratores recomeçaram outra rebelião lá e já fizeram alguns funcionários como reféns". Padre Júlio discerniu no calor do conflito e voltou. Ao entrar, pulou no meio dos menores rebelados e gritou: "Silêncio! Sentem todos!". Um menor grandalhão levantou-se e disse para todos: "Vamos obedecer, pois o padre, nosso amigo, está falando". Padre Júlio, continuando, conclamou os menores: "Vamos rezar um pai-nosso. Pai nosso, que estais no céu...". Todos rezaram e assim a rebelião foi contida. No dia seguinte, perguntaram aos menores: "Por que vocês obedecem ao padre Júlio e não obedecem aos guardas penitenciários?". Eles responderam em coro: "Padre Júlio é gente fina; é nosso amigo; chega justo quando estamos em apuros; é verdadeiro; gosta de nós; não mente para nós". No dia seguinte, Padre Júlio constatou que alguns menores tinham sido torturados por dizerem a verdade e denunciarem as arbitrariedades cometidas pelos guardas.

O samaritano *vê o excluído semimorto*. Não foi um olhar frio, calculista, sobre o sofrimento do outro, mas sim um olhar com base no outro que sofre. Um olhar de benevolência e ternura. Deixa que a dor do outro entre através dos próprios olhos. Certamente foi um olhar penetrante. Passa a ver o mundo conforme a dor do outro. E deixara-se guiar pela visão que vê o outro sofrendo. Diz a sabedoria popular: aquilo que os olhos não veem o coração não sente. Um provérbio indiano expressa semelhante compreensão ao dizer que os olhos veem mil vezes mais do que os ouvidos escutam.

O samaritano *move-se de compaixão* em face da dor do excluído. A dor do outro entra pelos olhos e invade todo o corpo. Penetra nas entranhas, no coração, revolvendo-os. Revira o corpo por dentro. Quem está comovido se entrega ao outro, não o agride. Sentir compaixão é associar-se à dor do outro partilhando-a e, desse modo, diminuindo-a. A *dor* sentida pela pessoa excluída foi suavizada pelo "odor" da companhia do samaritano. Segundo Dalai Lama, compaixão é admitir que a vida do outro é mais importante do que a minha própria vida; é orientar a vida segundo o outro que sofre. O outro se torna um absoluto na minha vida. Quem decidirá se o meu trabalho vai continuar é a situação do outro.

O samaritano *se aproxima ainda mais* da pessoa sofrida, entrega-se gradativamente ao outro. É na proximidade que se dá o encontro face a face, o encontro EU–TU. Foi assim que aconteceu com Moisés na sarça ardente (Ex 3,1-6). Jó, depois de passar por um processo dolorido de revisão da sua experiência de Deus, chega à conclusão de que "antes eu te conhecia somente por ouvir dizer, mas agora meus OLHOS te veem" (Jó 42,5). Quer dizer, Jó encontra-se face a face com um Deus solidário e libertador. Mas o encontro face a face com Deus se dá no encontro face a face com o outro, principalmente com o outro que está excluído, semimorto. Pelo rosto reconhecemos com muito mais facilidade uma pessoa que já vimos alguma vez. Mas se nos apresentar um corpo sem rosto será muito mais difícil o reconhecimento. Uma religiosa, de vida consagrada, desejava viver a contemplação no meio do povo excluído da periferia de Vitória da Conquista (BA). Ela decidiu rezar com o povo aflito da sua vizinhança. Um dia, enquanto visitava as famílias nos seus casebres, percebendo que muitas mães davam água com sal para tentar consolar os filhos que choravam pedindo alimento, a religiosa perguntou para uma mãe: "Por que você vendeu todas as camas, cadeiras e os móveis da casa?" A mãe respondeu:

> Irmã, a senhora nunca vai conseguir entender o que significa uma mãe ver o filho chorar e gritar com fome e não ter alimento para dar para o filho. Vendi todos os móveis, um a um, para comprar pão para meus sete filhos. Frio até que a gente aguenta, mas passar fome e ver os filhos pedirem alimento é ser cortada por dentro; mata a gente aos poucos. Nós, mães, não somos de ferro. Somos de carne e osso e amamos os nossos filhos.

O samaritano *cuida do outro no imediato e no mediato*. Fez curativos, derramando óleo e vinho nas feridas. A compaixão move o coração e aciona as mãos para a prática da misericórdia, da solidariedade efetiva. O samaritano vive a espiritualidade do CUIDADO com o outro e consigo mesmo. Falam alto o modo *como* ele ajuda e *o que* ele usa para cuidar do outro. O como envolve a experiência e a competência de quem já está familiarizado com o exercício da solidariedade. E o que ele usa para aliviar a dor do outro são frutos da mãe-terra e do seu esforço humano (suor, fadiga, tempo). Com produtos naturais, o samaritano recupera a vida do outro: óleo, para curar feridas, e vinho, que além de curar, dá alegria e ajuda a retomar a vida.

O samaritano "colocando-o sobre o seu próprio animal, levou-o a uma pensão, onde cuidou dele...". Fez-se solidário, deu os primeiros socorros e encaminhou o semimorto para o restabelecimento completo. O samaritano não se contentou com o mínimo de assistência oferecida a alguém em perigo, mas deu seu tempo, seu dinheiro e o seu ser, sem calcular. A oferta do dinheiro não é substitutiva, mas um complemento da sua ação pessoal. Ele amou "com força", isto é, com os seus próprios bens econômicos. Ele mostrou que amar é agir com o coração, é ter "cor-agem". Para o samaritano, o grito por solidariedade é urgente. Seria tarde demais e chegaria atrasado se ele tivesse dito para o excluído semimorto: "Daqui a pouco eu te ajudo"; ou "espera um pouco"; ou "quando eu voltar, eu te ajudo"; ou "depois que eu me aposentar eu te ajudo"; ou "quando eu ganhar na loteria eu te ajudo" ou, ou.... Mas não; cedeu o seu próprio jumento para carregar a vítima, desinstalando-se. Isso faz-nos recordar a alegria com que o povo pobre acolhe uma visita, oferece a própria cama e vai dormir no chão. O que normalmente não acontece na casa de pessoas ricas. Com frequência, observa-se hoje uma placa de advertência com a seguinte inscrição: "Cuidado, cão bravo"; "Cuidado, cerca elétrica".

O samaritano pagou dois denários.[20] Conforme Mt 20,2, um denário era o suficiente para pagar um dia de serviço. Mas "um denário por dia de serviço" era o suficiente para alimentar a esposa e os filhos, comprar roupas, manter as necessidades do lar, pagar impostos, taxas do templo etc.?[21]

Estabelecer o valor exato de um denário é muito difícil, pois "a situação da moeda na Palestina romana nos dias

---

[20] "A moeda denário era parte do sistema de cunhagem do Império Romano." Cf. OAKMAN, D. E. The Buying Power of two denarii. A Comment on Luke 10:35. *Forum* 3, 1987, p. 35.

[21] Uma concordância grega do NT nos mostra a seguinte ocorrência de *"dēnarion"* no NT: Mt 18,28, a história dos servos maus; 20,2.9.10.13: trabalhadores na vinha; Mt 22,19; Mc 12,15; Lc 20,24: a questão sobre tributo; Mc 6,37; Jo 6,7: 200 denários poderiam alimentar uma multidão de 5 mil pessoas?; Mc 14,5; Jo 12,5: O óleo usado para ungir Jesus custa 300 denários; Lc 7,41: O débito de 500 e 50 denários; Lc 10,35: na parábola do bom samaritano e Ap 6,6: Um litro de trigo por um denário... Cf. *Konkordanz zum Novum Testamentum Graece von Nestle-Aland*, 26. Auflage, und zum Greek New Testament. 3. ed. Berlin/New York, 1987.

de Jesus era complicada pelo fato de que muitos outros tipos de moedas com linhagem histórica grega ou Antigo Oriente Próximo estavam ainda em uso".[22] No entanto, considerando o sistema de trocas da Palestina do século I, constata-se que com dois denários se podia adquirir 0,75 alqueires de trigo, o equivalente a 20 kg de trigo, o que daria cerca de 64.300 calorias. Considerando que são necessárias para sustentar uma pessoa, no mínimo, 1.800 calorias por dia, concluímos que a soma versada pelo samaritano seria o suficiente para alimentar uma pessoa por um período entre vinte e um a trinta e seis dias. Em suma, quase um mês de alimentação,[23] o que é um valor substancial. Esse dado reforça a tendência da narrativa: mostrar o samaritano como uma pessoa excessivamente generosa.

Concordando com Fitzmyer, dizemos que "a descrição do samaritano é esplêndida; emprega todas suas posses materiais — azeite, vinho, cavalgadura, dinheiro — para ajudar um pobre infortunado que se encontra pelo caminho".[24] "Nenhum escritor do Segundo Testamento — salvo, talvez, o autor da carta de Tiago, e este somente de maneira análoga — põe maior ênfase na moderação com a qual o discípulo deve usar suas próprias riquezas materiais".[25] Lucas apresenta em At 2,44-45 um dos retratos da primeira comunidade cristã ideal: com propriedade comum e distribuição dos bens. Lucas, reafirmando suas fontes, revela posições muito intransigentes em relação à propriedade e ao uso de bens econômicos pelos ricos.[26] O evangelho de Lucas, em sintonia com o evangelho de Marcos, repugna Judas por haver traído Jesus "por dinheiro" (Lc 22,5; cf. Mc 14,11). No

---

[22] OAKMAN, The Buying Power of Two Denarii, cit., p. 35.
[23] Cf. idem, ibidem, p. 36.
[24] FITZMYER, *Lucas...*, cit., v. 3. p. 287.
[25] FITZMYER, *Lucas...*, cit., v. 1, p. 416.
[26] Cf. Lc 18,25 = Mc 10,25; Lc 21,1-4 = Mc 12,41-44; Lc 20,20-26 = Mc 12,13-17.

diálogo entre Jesus e um rico (Marcos dilui falando somente de "um" – Mc 10,17), Lucas, além de qualificar o interlocutor como um *chefe* (Lc 18,18), radicaliza a exigência: "Ainda uma coisa te falta", e arremata a discussão com dois fortes imperativos: "*Vende* todas as coisas que tens e *dá* aos pobres" (Lc 18,22). Essa radicalização pode ser vista também em Lc 5,11, que fala do chamado dos quatro primeiros discípulos. Lucas afirma: "Deixando *tudo* eles o seguiram", enquanto Mc 1,18 diz: "Deixando as redes, eles o seguiram". Da fonte "Q" Lucas conserva máximas fortes também de alerta quanto aos bens.[27] "O que queremos dizer com todas essas citações é que a postura lucana em face das realidades materiais não é uma atitude inventada pelo próprio Lucas, mas funda suas raízes na pregação histórica de Jesus."[28]

O samaritano deixa o semimorto guarnecido. Vai embora, mas deixa marcas de bondade e sai positivamente registrado para o resto da vida.

O samaritano não deixou nome nem endereço. Soube a hora exata de entrar e de sair da vida do outro. Foi embora. Agindo assim, impossibilitou que se criasse vínculo de dependência entre ele e o socorrido. Ele foi solidário de modo gratuito e libertador.

Após observar, de forma detalhada, os passos seguidos pelo samaritano, convém analisar a postura do bom samaritano em relação à postura do sacerdote e do levita.

O samaritano em relação ao sacerdote e ao levita

O que terá motivado o autor do evangelho a escolher essa narrativa? O que será que ele queria ensinar? É evidente

---

[27] Por exemplo: Lc 9,58; cf. Mt 8,20; Lc 12,29-31; cf. Mt 6,31-33; Lc 6,29-30; cf. Mt 5,39-42.
[28] Fitzmyer, *Lucas*..., cit., v. 1, p. 418.

o contraste do samaritano com uma extraordinária misericórdia e a insensibilidade do sacerdote e do levita. Há os que afirmam que Jesus se referia a uma situação histórica ao narrar a parábola do homem que caiu nas mãos de assaltantes: rivalidade e oposição que existia entre essênios e zelotas.[29] Os "brigantes-assaltantes" seriam os zelotas, chamados precisamente de "brigantes" nos hinos de Qumrã.[30] Segundo Flávio Josefo, a vítima seria um essênio, pois entre Jerusalém e Jericó havia uma comunidade de essênios tão importante quanto a de Qumrã, e os essênios, embora não levassem dinheiro consigo, portavam vestes brancas de grande valor. Ainda que os zelotas não sejam explicitamente mencionados nos evangelhos,[31] não podemos ignorar que eles exerceram um papel importante no contexto social, político, econômico e religioso da época de Jesus.[32]

Outros pensam ser possível que na base de Lc 10,25-37 esteja uma polêmica contra os ministros do culto da religião judaica e observam que na época de Jesus os sacerdotes e os levitas eram, frequentemente, degenerados espiritual e moralmente.[33]

Ainda há os que ponderam:

> Se Jesus quisesse marcar a dureza de coração dos dois viajantes cara a cara com um viajante ferido, ele não deixaria de escolher

---

[29] Cf. DANIEL, C. Les esséniens et l'arrière-fond historique de la parabole du Bon Samaritain. *Nov T* 11, 1969, pp. 71-104.

[30] *Hinos de Qumrã* IV, 25-26.34-35; V, 9-10; VI, 20-21.

[31] Há apenas referências ao apóstolo de Jesus chamado Simão, o cananeu (cf. Mt 10,4; Mc 3,18). Somente em Lc 6,15 se diz que Simão era chamado zelota. Mas não há referências aos zelotas como grupo ou movimento.

[32] Por exemplo, Barrabás e outro "ladrão" crucificado ao lado de Jesus talvez fossem zelotas.

[33] Cf. RIENECKER, F. *Das Evangelium des Lukas*. Wuppertal, Brockhaus, 1959. p. 273; GELDENHUYS, J. N. *Commentary on the Gospel of Luke*. London/Edinburg, Grand Rapids, 1956. p. 314.

um escriba e um fariseu, uma vez que não deviam eles respeitar pureza ritual e ainda mais porque professavam uma via moral mais exigente que as pessoas comuns.[34]

Em Lc 10,25-37 Jesus está contando o "episódio-parábola" para um escriba, que não foi citado no grupo dos não misericordiosos. Ao falar diretamente dos companheiros,[35] Jesus mandou um recado para seu interlocutor: o escriba. Não lhe joga na cara que ele é insensível e não misericordioso, mas dialoga e fá-lo refletir, com base na prática cheia de compaixão e misericórdia de alguém que se faz próximo gratuitamente, o que desconcerta o escriba. O que coloca em xeque a mentalidade do escriba não é o discurso, mas o *testemunho* de alguém compassivo e misericordioso, que não é Jesus, nem Deus, mas um samaritano: estrangeiro, herege, discriminado, tachado de pagão, um "bárbaro", enfim, um excluído. Esse grupo dos não misericordiosos desconsidera o interesse pedagógico de Jesus no "episódio-parábola". Jesus estrategicamente não coloca um escriba no lugar do sacerdote ou do levita para deixar aberta a possibilidade de dialogar com ele, pois seu objetivo é cativá-lo para ser um verdadeiro discípulo. Jesus não o exclui *a priori*.

Expostos possíveis lastros históricos que sustentam o contraste entre o samaritano e os dois representantes do culto judaico, é necessário demonstrar o papel desempenhado pelo dono da pensão no "episódio-parábola".

---

[34] DREYFUS, F. Qui est mon prochain? *Assemblées du Seigneur* 66, 1966, p. 42.

[35] A maioria dos escribas, fariseus, sacerdotes e levitas pertencia a uma "mesma classe". Também "pela responsabilidade diante da lei, Palavra de Deus, o escriba pertencia para começar ao mesmo universo de valores que os homens do culto, o sacerdote e o levita. A parábola qualifica-os". Cf. COMBET-GALLAND, C. L'amour, au jeu de la loi et du hasard. La Parabole du "Bon Samaritain" et le débat qu'elle bouscule (Lc 10,25-37). *Étude ThéolRel* 71, 1996, p. 329.

O dono da pensão no "episódio-parábola"

O dono da pensão tem um papel importante na parábola, pois é ele quem viabiliza a continuação da viagem do samaritano, possibilita-lhe partir sem deixar nome nem endereço, ser solidário de modo gratuito e libertador, sem criar com o excluído uma relação de dependência que pudesse ter ou esperar recompensa. Sem o dono da pensão, seria difícil para o samaritano deixar o homem semimorto recuperar-se. Sem a continuidade dos cuidados, a "ajuda" do samaritano seria paliativa e poderia resultar insuficiente. Se interrompesse completamente sua viagem até o ferido se recuperar, certamente criaria um laço de dependência entre eles. Jesus e Lucas não defendem "solidariedade paliativa", que cria dependência. A figura do dono da pensão é uma "ponte" que possibilita ao "episódio-parábola" ser uma "estrela" indicando como amar de modo verdadeiramente eficaz e desinteressado.

O samaritano não exigiu que o dono da pensão fosse solidário gratuitamente como ele foi. O samaritano tenta cativar o outro para também entrar na dinâmica da compaixão e misericórdia, mas sem impor nada. Ao pagar os dois denários, ele manifesta amor com toda sua "força". Esta, na interpretação judaica, refere-se aos bens econômicos. O samaritano reconhece a alteridade e a autonomia do dono da pensão, o qual tem o direito de ser e agir de modo diferente. Aqui aparece mais uma qualidade da solidariedade do samaritano: a humildade. Ele não diz para o dono da pensão: "Faça como eu fiz!" ou "Fiz a minha parte; agora é a sua vez", o que seria arrogância disfarçada de gratuidade; nem faz proselitismo da sua ação e crença religiosa.

Somos convidados também a ser como o dono da pensão, apesar do risco de alguém argumentar dizendo que: "Ser como o dono da pensão é muito fácil, uma vez que recebeu dois denários para acolher o hóspede; não perdeu tempo e nem teve de deixar sua profissão". Recordemos, porém, que o dono da pensão era provavelmente um judeu e mesmo assim confiou em um samaritano. Não ficou refém dos preconceitos que havia entre eles, mas responsabilizou-se pela busca de solução para um grande problema, gastou tempo, perdeu sono e investiu muitas energias para acolher e cuidar do ferido semimorto, assim como fez o samaritano. É possível que ele tenha agido como o samaritano, sensibilizado pela força do seu testemunho. Desse contato nasceu uma identidade que nos leva a revistar a identidade do próximo.

A identidade do próximo

Essa identidade não é neutra. Uma vítima, que está "entre a vida e a morte", define a identidade de cada um dos personagens de Lc 10,25-37. Constatamos que o samaritano é um estrangeiro, um desqualificado segundo a compreensão judaica; não é um familiar; é um viajante. Mesmo assim se comove ao ver a vítima; enquanto o sacerdote e o levita se distanciam, ele se aproxima do ferido.

O relato não diz as razões que levaram o samaritano a comover-se; ele apenas se aproximou para cuidar do homem semimorto. "Mas a ausência de motivos para a atitude dos atores não implica ausência de lógica fundamental da 'postura' do samaritano."[36] "Próximo" não é aquele que se aproxima, mas é aquele que se aproxima *de imediato,* aparentemente sem motivos; interrompe "a sua viagem"; sabe onde levar o ferido; age como quem tem experiência, sem duvidar; é confiável; demonstra confiança: "Quando eu voltar, vou pagar o que ele tiver gasto a mais" (Lc 10,35). "Entre o samaritano e o dono

---

[36] RODET, La Parabole du Samaritain..., cit., p. 25.

da pensão reina a confiança."[37] O dono da pensão não procura conhecer a identidade do ferido.

Os bens que o samaritano põe à disposição do homem para a cura — o óleo, o vinho, sua *própria* montadura, os dois denários — não aparecem como perda. Não se afirma que o samaritano perdeu tempo, nem quanto tal ação lhe custou. O óleo e o vinho são frutos da terra e do trabalho humano, provavelmente dele. Logo, ele trata o ferido com o fruto do seu próprio trabalho e não se sacrifica nesse processo. O "perdido" será recuperado com seu próprio trabalho.

O samaritano "ordena" que o dono da pensão cuide do ferido, porque para um dono de pensão o desejo de um cliente é uma ordem, mas é sempre remunerado pelo que faz.

Após descrever o papel desempenhado pelo dono da pensão, estamos em condições de explicitar as consequências lógicas da sequência de ações praticadas pelo samaritano.

Consequências das ações do samaritano

"A presença intermediária de um dono de pensão impede que o homem ferido fique em dívida após a sua recuperação."[38] Sem dúvida, o ferido é colocado no caminho para reestruturar a sua identidade pessoal. O samaritano "sabe" chegar e sabe "desaparecer" na hora oportuna. Ele não deixa seu nome nem seu endereço, é uma figura de alteridade; ele impede "uma submissão a sua pessoa e uma fixação no passado".[39] Não exigindo reconhecimento, evita "sacrificar no altar do seu desejo o homem ferido", diria a psicanálise. O ferido é restaurado sem

---

[37] Idem, ibidem, p. 25.
[38] Idem, ibidem, p. 27.
[39] Idem, ibidem, p. 27.

sacrifício próprio. O sacerdote e o levita são identificados, em oposição ao samaritano, no "episódio-parábola", pela função que exercem no templo: sacrificar e celebrar o culto.

Nos versículos 33-35 estão as ações solidárias mais marcantes da narrativa. Toda a série de ações praticadas pelo samaritano é descrita em detalhes. O samaritano, em viagem, chega perto da pessoa semimorta à beira da estrada, vê e tem compaixão. Aproxima-se mais, faz curativos, derramando óleo e vinho nas feridas. Depois coloca o homem em seu próprio animal, e o leva a uma pensão, onde o deixa aos cuidados do estalajadeiro. No dia seguinte, pega duas moedas de prata, e as entrega ao dono da pensão, recomendando: "Tome conta dele. Quando eu voltar, vou pagar o que ele tiver gasto a mais" (Lc 10,33-35). No versículo 36, Jesus redimensiona a pergunta — "quem se fez próximo"? E não mais "quem é o meu próximo"? —; não levanta mais a pergunta de modo absoluto, mas de uma situação concreta, em que a vida de uma pessoa estava em perigo. É com base no "lugar" onde um homem se confronta com outro caído, à margem, excluído, que se pode identificar o próximo.[40]

Jesus diz ao escriba: "Vá, e faça a mesma coisa". Com esse imperativo, Jesus chama o escriba a uma conversão radical. Ele deve sair de si mesmo, igualar-se ao samaritano e fazer o que este fez.

Os personagens na obra lucana não devem ser vistos somente como indivíduos, como casos esporádicos, mas simbolicamente representam discípulos e discípulas. Lucas utiliza exemplos paradigmáticos que iluminam a vida das comunidades. Quase sempre, trata-se de casos representativos. Certamente havia discípulos de Jesus, ou membros das comunidades cristãs

---

[40] Proposta semelhante é apresentada em Mt 25,35.39.43-44, em que se diz que é no confronto com os excluídos que se define a participação no reino dos céus.

na época em que os evangelhos foram escritos, que estavam comportando-se como o escriba, o sacerdote e o levita. Lucas quer dar formação e orientar os discípulos equivocados.

A compaixão e a misericórdia na teologia do evangelho de Lucas levam-nos a olhar na perspectiva da salvação para todos, presente nas primeiras comunidades cristãs, segundo o livro dos Atos dos Apóstolos. Essa é outra forte característica na teologia de Lucas.

4
Ecumenismo com base na obra lucana

Pode parecer anacronismo falar em ecumenismo nas primeiras comunidades cristãs a partir dos Atos dos Apóstolos; mas se justifica, pois não existiu somente uma Igreja Primitiva. Várias Igrejas foram se constituindo a partir da Igreja-mãe de Jerusalém: Igreja de Samaria, de Cesareia, de Antioquia, de Roma, de Éfeso, de Tessalônica e tantas outras. Igrejas que cultivavam o respeito ao diferente nas suas relações internas e também na sua relação com outras Igrejas que, mesmo sendo cristãs, tinham ensinamentos e práticas distintas. Assim sendo, podemos dizer que, segundo a obra de Lucas (Lc e At), as primeiras comunidades cristãs eram, por excelência, ecumênicas. Costuravam uma unidade entre elas com base na diversidade e na pluralidade e regiam-se por um projeto de inclusão, de comunhão, de convivência fraterna, de fração do pão e oração. Em Atos há uma valorização da alteridade. O Espírito Santo está em nós como está no outro (At 10,44-45).

Identificamos numerosas *posturas ecumênicas* nas primeiras comunidades-Igrejas cristãs.

Desapego de doutrinas

Ser ecumênico significa desapegar-se de doutrinas e colocar a vida humana acima de tudo. Isso aconteceu entre os primeiros cristãos e cristãs. O apóstolo Pedro teve a grandeza de desvencilhar-se das doutrinas da pureza e da impureza.

Ele se desinstalou de Jerusalém e partiu para a missão para o meio dos excluídos. Conviveu por algum tempo com Simão, um curtidor de couro, considerado o mais impuro entre os impuros. Em um bonito processo de conversão foi ao encontro do oficial romano Cornélio, mas teve de justificar sua conduta em Jerusalém (At 11,1-18). Pedro arcou com as consequências da sua postura aberta e inculturada. Voltando a Jerusalém, "foi encostado na parede". Dois grupos se enfrentaram: de um lado, os apóstolos e irmãos da Judeia, os da circuncisão, censuravam Pedro por ter entrado em casa de incircuncisos e comido com eles (At 11,3), do outro lado o próprio Pedro com a experiência do Pentecostes dos gentios (At 10,44.47) no coração e na mente (At 11,17).

Pedro teve de partilhar a experiência de Deus vivida no meio dos gentios e excluídos. Lucas registra que a conversão de Pedro contribuiu para a conversão da Igreja-mãe, a de Jerusalém (At 11,4-18). Por três vezes Pedro ouviu: "Não chame de impuro o que Deus purificou" (At 11,9); e por três vezes esse acontecimento é narrado em Atos. Isso mostra a interpretação rigorosa que alguns faziam das leis, e aponta a barreira que devia ser superada. As primeiras comunidades cristãs sofriam na pele as consequências dramáticas da lei da pureza e da impureza. "Um povo inteiro" era marginalizado e excluído. O Espírito de Deus aponta insistentemente em outra direção: para Deus não existe puro e impuro. Ele ama a todos, não exclui ninguém.

Provavelmente já havia em Jerusalém um grupo mais radical e outro mais moderado. O motivo da reprovação não é o batismo, mas a entrada de Pedro em casa de pagão e a refeição comum de ambos. Em sua defesa, Pedro acentua a iniciativa divina, e os de Jerusalém acabam por abrir-se à ação do Espírito no meio dos excluídos (At 11,18).

O episódio de Cornélio ocupa um lugar de destaque nos Atos dos Apóstolos: foi uma antecipação da "assembleia de Jerusalém" em At 15,1-35 e preparou as missões de Paulo (At 15,36–19,20). Cornélio representava o Império Romano e o modo como Lucas achava que as pessoas deviam comportar-se em relação ao império. O oficial romano não debateu, não pôs condições. Pedro falou e ele ouviu atentamente o Evangelho de Jesus Cristo. Para Lucas, não era impossível que os funcionários romanos se convertessem e assim pusessem serviços e estruturas do império à disposição da irradiação da Palavra de Deus. Com esse exemplo, Lucas espera convencer altos funcionários romanos à fé cristã.

Desapego a doutrinas leva a rompimento e a superação de barreiras. Eis outra característica do ecumenismo segundo o livro dos Atos dos Apóstolos.

Rompimento e superação de barreiras

Em Atos, barreiras vão sendo rompidas, uma a uma, até o capítulo 15, no qual se vence a maior de todas: a exigência da circuncisão. A partir de At 15,36, uma vez as barreiras vencidas, as portas para uma evangelização inculturada são escancaradas. Eis algumas das muitas barreiras que são superadas, em parte ou totalmente, nos Atos dos Apóstolos:

• *A mesa comum* — Antes um judeu não podia entrar na casa de um pagão e, muito menos, comer com ele. O apóstolo Pedro percorre todos os lugares. Encontra paralíticos e os cura. Permanece vários dias em Jope, hospedado na casa de um curtidor de peles chamado Simão (cf. At 9,32-35.43). Entra na casa de um oficial romano, em Cesareia (At 11,12). Assim, a impossibilidade de mesa comum entre judeus e pagãos cai por terra.

• *A herança de Israel* (lei mosaica) — Passa a ser de todos e não somente dos judeus. As primeiras comunidades fazem a experiência segundo a qual Deus não faz discriminação de nenhuma ordem (cf. At 10,15).

• *Templos e sinagogas não são mais os centros sagrados e orientadores da vida das comunidades* — A missão acontece com base nas casas (*oikia*, em grego). A casa de Simão, o curtidor de couro (At 9,43); a casa de Cornélio (At 10,1); a casa de Maria, mãe de João Marcos (At 12,12); a casa do procônsul Sérgio Paulo (At 13,7); a casa de Filipe, o evangelista, (At 21,8) etc. De casa em casa o projeto do movimento de Jesus irradia da Galileia, passando por Jerusalém, até os confins da terra.

• *Os pagãos são aceitos nas comunidades cristãs, sem ser circuncidados* — O concílio de Jerusalém (cf. At 15,1-35) atesta um salto de qualidade na caminhada das primeiras Igrejas cristãs ao concordar com os clamores da Igreja periférica de Antioquia, que advogava a superação da barreira da circuncisão como condição para ser cristão.

• *A lógica e a ideologia do Império Romano vão sendo minadas e corroídas pela vida organizada em comunidades e não mais no individualismo* — A comunidade cristã percebe que, diante de um império muito poderoso, a melhor estratégia é a infiltração e não o confronto. Como cupim debaixo da ponte, a comunidade cristã vai solapando os falsos valores defendidos pela ideologia do império.

• *O abismo que separa ricos e pobres ganha uma ponte* — Assim sendo começa a existir comunicação entre os "grandes e os pequenos", o mundo dos incluídos e o mundo dos excluídos. Com a comunicação afetiva e efetiva muitos preconceitos, tabus, distanciamentos vão acabando.

• *Patriarcalismo e machismo são questionados pela presença e protagonismo das mulheres nas Comunidades Cristãs* — São as "Comunidades Eclesiais de Base (CEBs) da primeira hora.[1]

A partir do encontro de Pedro com Cornélio, cai a barreira entre judeus e não judeus.

Nos atos do apóstolo Pedro (At 10,1–11,18) temos o relato de duas conversões entrelaçadas e interdependentes: a conversão de Cornélio e de toda a sua casa-comunidade e *a conversão de Pedro e de parte da Igreja judaico-cristã de Jerusalém*. À primeira vista o Espírito atuou em Cornélio, mas observando nas entrelinhas vemos que o Espírito agiu também e principalmente no apóstolo Pedro. Hoje, o Espírito atua do mesmo modo nos evangelizadores e nos evangelizados. Pedro evangelizava as comunidades judaico-cristãs de Lida e Jope. O Espírito mudou seu programa e o levou onde ele jamais pensava ir.

O rompimento/superação de barreiras convida para a comunhão "total" de vida. Eis outra característica do ecumenismo segundo o livro dos Atos dos Apóstolos.

Comunhão "total" de vida

O ecumenismo nos leva a um sentimento de pertença. Ser ecumênico implica sentir-se elo vivo da grande comunidade de vida, em uma comunhão real e "total". Para Paulo, e também para Lucas, o que caracteriza a comunidade cristã é uma comunhão "total": material e espiritual, com participação na mesma mesa. Não basta fraternidade "espiritual" ou de amizade; é preciso também fraternidade econômica,[2]

---

[1] Cf. At 16,1.11-18.40; 17,4.12.34; 18,1; 21,5.9; 22,4; 23,16; 24,24; 25,13.23; 26,30.
[2] Dom Moacyr Grechi, ao investigar denúncias de torturas de trabalhadores rurais boias-frias, disse: "Quero uma reunião somente com os trabalhadores, pois junto com os patrões eles não estarão livres para dizer a verdade."

política e cultural. Não agradam ao Espírito de Deus pessoas que se encontram para a eucaristia aos domingos, mas que durante a semana oprimem umas às outras. Lucas quer romper as oposições entre grupos e pessoas, entre ricos e pobres, escravos e senhores, judeus e não judeus, homens e mulheres, trabalhadores e patrões. É ilusória a comunidade na qual uns poucos se banqueteiam e outros passam fome, uns têm casas próprias e outros devem pagar aluguéis caríssimos, uns ganham demais e outros ganham quase nada, uns vivem no luxo e outros sobrevivem do/no lixo; uns detêm o poder[3] e outros são subjugados.

A comunhão eclesial é antes de tudo uma comunhão material, corporal: as pessoas devem estar lado a lado, comer a mesma comida, partilhar alegrias e angústias. Uma missão direcionada aos não cristãos implica aproximação das relações sociais com gente considerada excluída, impura.

Olhando com base nos(as) excluídos(as) das nossas Igrejas, constatamos com pesar que a lei do puro e do impuro, de modo disfarçado, continua em plena vigência. O que pensar dos casais não casados na Igreja que encontram muitas barreiras para batizar seus filhos? O que pensar das viúvas que reencontram o amor, mas não podem casar-se porque o homem é separado? O que pensar da proibição do uso de preservativos, quando a Aids assola um número assustador de cristãos? O que pensar de 75% das comunidades cristãs católicas, entre as quais as Comunidades Eclesiais de Base, que não têm o direito sagrado de participar da eucaristia dominical? E muitas outras questões. A comunhão "total" de vida conduz à superação de preconceitos.

---

[3] Uma Igreja que se apega ao poder casa com ele; trocou o Evangelho por uma aliança com o diabo.

Superação de preconceitos

Pedro, "o apóstolo dos circuncisos" (Gl 2,7), cura o paralítico Eneias (At 9,32-35) em Lida, reanima Tabita (At 9,36-42) em Jope e legitima Simão, um curtidor (9,43). Tudo isso é descrito em At 9,32-43. Tais sinais, ao romper as barreiras da paralisia, da doença-morte e das profissões impuras, mostram a sintonia total entre Jesus e Pedro. Jesus continua agindo por meio de Pedro. Tal Jesus, tal Pedro. A cura de Eneias lembra Jesus curando um paralítico (Mc 2,1-12), e o episódio da reanimação de Tabita repete o relato da reanimação da filha de Jairo (Mc 5,36-43) e evoca também os relatos de reanimação do ciclo de Elias e Eliseu (1Rs 17,17-24; 2Rs 4,18-37).

Em Jope, Pedro fica na casa do curtidor de peles chamado Simão (9,43). A profissão de curtidor era considerada pelos judeus a mais impura das profissões e uma pessoa impura era excluída da convivência social e religiosa. A comunidade onde Pedro se hospeda não se submete aos critérios rigorosos de pureza dos doutores da lei. O cristianismo espalhou-se principalmente entre as categorias de pessoas modestas, que eram, mais ou menos, marginalizadas pela lei, além de penetrar na classe média, aberta à novidade.

Eneias, Tabita e Simão são pessoas que simbolicamente representam as comunidades judaico-cristãs. Algumas estavam paralisadas; outras estavam enfraquecidas a ponto de morrer; e outras estavam sendo marginalizadas pelo judaísmo oficial. Pedro, com a mensagem de Jesus, chega para revitalizar, para fortalecer e para libertar essas comunidades. A superação de preconceitos estimula a abertura para o novo, o diferente, o excluído.

Abertura para o novo, o diferente, o excluído (At 6,1-7)

Ser ecumênico implica abrir-se ao novo que não é apenas novidade, ao diferente que tem direito de ser diferente. Os helenistas eram judeu-cristãos de língua e cultura grega, residentes em Jerusalém, provavelmente originários da diáspora. Tratava-se de um grupo profético, crítico em relação à lei e ao templo; foram também os perseguidos e dispersados no dia da grande perseguição contra a Igreja de Jerusalém, depois do martírio de Estêvão (At 8,2).

O relato sobre as viúvas no livro dos Atos dos Apóstolos (At 6,1-7) é um tanto incongruente, pois trata-se de um problema de desleixo não para com *todas* as viúvas, mas somente para com as dos helenistas. Trata-se não de um problema prático de falta de servidores das mesas, mas de um problema de discriminação dos *helenistas*; portanto, não sustenta também a oposição entre *diakonía*, serviço das mesas (v. 2), e a *diakonía* da Palavra (v. 4). De At 6 a At 15, os helenistas não servem às mesas; eles dedicam-se basicamente ao serviço da Palavra. Os sete helenistas fazem, na prática, exatamente o que os apóstolos faziam: evangelizar de modo profético. Em nenhum momento da narração afirma-se explicitamente que os sete são *diákonos* (utiliza-se somente o verbo *servir, diakoneō*, em grego) e o substantivo *serviço* (*diakonía*, em grego).

Duas soluções se apresentam para explicar as contradições de At 6,1-7.

Em primeiro lugar, é possível que Lucas tenha unido dois fatos ou tradições históricas diferentes: uma mais antiga, referente ao problema prático do serviço às mesas; e outra posterior, a respeito do conflito entre o grupo dos hebreus e o dos helenistas.

Em segundo lugar, os sete helenistas, no começo, tinham sido escolhidos realmente para servir às mesas; no entanto, em pouco tempo, essa *diakonía* das mesas levou-os para além dessa tarefa prática, para o serviço profético da Palavra. Segundo essa hipótese, pode-se dizer que os sete helenistas descobriram sua vocação profética a partir do serviço cotidiano aos excluídos da comunidade. Lucas nos mostra que, quando os conflitos são resolvidos de forma correta e em sintonia com o Espírito do Deus da vida, toda a Igreja sai fortalecida.

Abertura para o novo, o diferente, o excluído, deságua na não discriminação de ninguém. Eis outra característica do ecumenismo segundo o livro dos Atos dos Apóstolos.

Não discriminar ninguém

Segundo At 10, Pedro tem uma visão na qual se recusa a comer alimentos impuros e parece desconhecer a declaração de Jesus de que todos os alimentos são puros (Mc 7,17-23). Pedro agiu como judeu de estrita observância das regras alimentares. O sentido dessa visão só vai ser esclarecido em At 10,28, quando uma voz, em outra visão, diz a Pedro que todos os alimentos são puros. Lucas menciona Gn 1,24; 6,20 como se dissesse: "Mas no início não era assim", pois Deus criou tudo com a mesma dignidade e não fez distinção entre puro e impuro. Por meio da visão de Pedro, Lucas esclareceu duas posturas diferentes diante dos alimentos e diante das pessoas: "Judeu-cristãos podem comer de tudo, pois nenhum alimento é impuro"; "todas as pessoas são iguais". Com base nesse esclarecimento, judeu-cristãos superam o problema cultural de não poder sentar à mesa, com gentios, para comer. Jesus teve a grandeza de ultrapassar limites culturais e quem agir como ele — entrando nas casas dos não judeus e comendo com eles — presta-lhe homenagem e agrada "aos céus" (At 10,16).

Enquanto Pedro estava ainda perplexo, os enviados de Cornélio chegaram e o convidaram a ir à casa do centurião *para ser ouvido* (At 10,17-23). A ordem para acompanhar os enviados veio do Espírito Santo (At 10,19-20). Aqui aparece um elemento novo: Pedro foi convidado a ir à casa de Cornélio *para ser ouvido*, não para ser investigado pela sua prática, o que seria mais natural, pois Cornélio era um oficial militar do império.

Pedro veio de Jope acompanhado por seis irmãos (At 10,11-14), e Cornélio apareceu acompanhado por toda a sua casa-comunidade. São duas comunidades, cada uma com sua liderança, encontrando-se, e é Pedro quem faz a conexão entre elas.

Somente quando entrou na casa de Cornélio é que Pedro entendeu o significado da visão que teve anteriormente: ele referiu-se à lei judaica, que proíbe um judeu de juntar-se a um estrangeiro e entrar em sua casa, e ressaltou a ordem divina de não chamar de profano ou de impuro nenhuma pessoa (At 10,28). O discurso de Pedro mostra sua mudança de atitude: Deus não faz acepção de pessoas,[4] o importante é a *prática da justiça* (At 10,34-35). É interrompido pela descida do Espírito Santo, que paira[5] sobre todos os que ouvem a Palavra (At 10,44). Faíscas de Deus saem do discurso de Pedro.

---

[4] São Tiago nos alerta que Deus não faz distinção de pessoas, mas faz opção pelos pobres. Não é tolerável "ricos" discriminarem "pobres" (Tg 2,1-9), e vice-versa.

[5] Podemos perguntar: "Como o Espírito desceu...?" Certamente não foi de uma forma mágica. O certo é que "da mesma forma" que o Espírito agia nos primeiros cristãos continua agindo hoje no meio do povo. Um dia eu perguntei a uma religiosa: "Por que você se tornou freira?" Ela me respondeu de súbito: "Deus me chamou!" Eu insisti: "Mas como?" Ela desconversou: "Eu teria que te contar toda a minha vida para você ver Deus me chamando, mas o mais importante é você acreditar que Deus me chamou para uma missão". Assim também o Espírito de Deus continua descendo de mil e uma formas. Por exemplo, no X Intereclesial das CEBs em Ilhéus (BA), em julho de 2000, vivemos uma semana de um grande Pentecostes. Quem estava lá com o coração aberto e desarmado pode ensaiar para falar o que aconteceu, mesmo sabendo que são experiências indescritíveis.

Os circuncisos, que vieram com Pedro, ficam atônitos ao ver que os gentios recebem o Espírito Santo do mesmo modo como a comunidade de Jerusalém o recebera. À ordem de Pedro para que todos sejam batizados, nasce a primeira comunidade cristã gentia (At 10,24-48).

A atitude de não discriminar ninguém é caminho que estabelece a ajuda mútua e a solidariedade com base nas necessidades. Eis outra característica do ecumenismo segundo o livro dos Atos dos Apóstolos.

Ajuda mútua e solidariedade conforme as necessidades

Em At 11,28, o profeta Ágabo escutou um "sussurro--cochicho" de Deus, analisou criticamente a realidade e advertiu: "Virá uma grande fome sobre toda a Terra". Sensibilizada pela fome dos "santos"[6] de Jerusalém, a comunidade cristã de Antioquia enviou-lhes recursos[7] por meio de Barnabé e Paulo, *solidarizando-se com eles nos momentos de fome*. Aqui temos um primeiro exemplo de "ajuda intereclesial", isto é, Igrejas que dão as mãos considerando-se Igrejas-irmãs.

Lucas legitimou a Igreja de Antioquia, sem desprezar a Igreja de Jerusalém. As duas são necessárias: uma para assegurar a continuidade com Israel e a outra para assegurar a missão aos gentios. A existência dos diversos modelos de Igreja no cristianismo originário desafia as nossas Igrejas: devemos construir comunidades que sejam comunhão de Igrejas, comunhão de diferentes modelos eclesiais, uma Igreja que seja comunhão de comunidades.

---

[6] Assim os cristãos eram chamados.

[7] Não se trata de esmolas, e sim de serviço entre irmãos ou de solidariedade (cf. Mt 10,45; Lc 22,27; 1Cor 12,5; 2Cor 4,1; 5,18; 6,3).

Princípios ecumênicos nas primeiras comunidades cristãs

Todos são iguais diante de Deus (Mc 7,24-30; Lc 7,1-10; 13,22-30). A lei já ensinava: "Deus não faz acepção de pessoas" (Dt 10,17). Paulo assumiu esse ensinamento na carta aos Gálatas (Gl 2,6; 3,28), afirmando que na comunidade, após o batismo, que é igual para todos, não pode haver diferença entre judeus e gregos (preconceitos de raça, de origem, de família ou de tradição), entre escravo e livre (preconceitos econômicos, profissionais ou sociais), entre homem e mulher (preconceitos sexistas ou de gênero). Lucas se refere ao mesmo ensinamento em At 10,34.

O Espírito Santo está em todos e em tudo, permeia e perpassa tudo.

Todos nós somos irmãos e irmãs.

As comunidades se organizam de acordo com os excluídos e as casas.

A vida de todos e de tudo é o valor maior.

Ensinamento *dos enviados de Deus*, os apóstolos, não os do império.

A vida do povo é a melhor escola.

O Espírito de Deus, livre e libertador, é condutor do processo de abertura para atender às diferentes necessidades.

Nos Atos dos Apóstolos, temos estas características de universalidade:

- Pessoas: Pedro e Paulo, Barnabé, muitas mulheres;
- Igrejas: de Jerusalém, de Samaria, de Antioquia;
- Regiões: Judeia (Jerusalém) e Síria (Antioquia);

- Classes sociais: ricos e pobres;
- Religiões: judeus e pagãos;
- Gênero: homem e mulher;
- Exercício de poder-serviço.

Para finalizar, não podemos nos esquecer de que em Atos dos Apóstolos encontramos também uma abertura para a inculturação. Eis mais uma característica presente no seio das primeiras comunidades cristãs.

Inculturação

O tema de um santo que viria a este mundo por um nascimento virginal era conhecido tanto em círculos judaicos como em tradições helenísticas e egípcias. Fílon, o filósofo judeu, já considerava o nascimento de Isaac um nascimento virginal e falava da união extática da alma com Deus.[8] No culto egípcio do sol, celebrava-se o nascimento desse astro na passagem do dia 24 para o dia 25 de dezembro e a comunidade assim se manifestava: "A virgem pariu; a luz vem surgindo".[9] O rei do Egito — assim se imaginava — era gerado por Deus. Todos esses elementos, egípcios e helenísticos, já estavam presentes no judaísmo. Lucas, pois, valeu-se de tradições judaicas e respondeu também às aspirações dos gregos. Com a sua narrativa da anunciação, o evangelista soube tornar compreensível a virgindade da mãe do Messias, a grandeza desse Messias como Filho de Deus, sua realeza eterna e sua geração pelo Espírito Santo.[10] Assim como o solstício do verão segue o do inverno em uma distância de seis meses, assim Jesus nasce seis meses depois de João, o

---

[8] BOVON, F. *L'Evangile de Luc 1–9*. Paris, Du Cerf, 1993. p. 66.
[9] Idem, ibidem, p. 68.
[10] Idem, ibidem, p. 69.

Batista. Com ele, a luz da graça divina brilha na friagem do nosso mundo. Hoje muitos teólogos pedem um diálogo entre as diversas religiões; Lucas já fez isso, no seu tempo, de forma muito sensata. Com as tradições de diversas correntes religiosas como pano de fundo, ele formulou a mensagem do mistério de Jesus de tal maneira que pessoas de todas as culturas religiosas podem entender o que, em Jesus, Deus lhes concedeu.

Um diálogo inter-religioso verdadeiro — no nível tanto pequeno quanto grande — respeita as identidades de pessoas e grupos e, cada vez mais, é condição necessária para uma vida com qualidade e plenitude.

Hoje há um esforço de caminhada ecumênica e inter--religiosa entre várias Igrejas e religiões, mas há obstáculos que entravam esse processo. Que barreiras foram superadas para que essa caminhada vigorasse nas primeiras comunidades cristãs? Somos pessoas de diálogo inter-religioso?

Conclusão

O espaço dedicado à teologia de Lucas no contexto do Segundo Testamento é ainda muito reduzido, embora a obra lucana corresponda a 25% do conjunto dos escritos neotestamentários. E. Haenchen diz que "Lucas não é um teólogo sistemático". É preciso examinar todo o texto de Lucas e Atos para descobrir quais são as colunas mestras da sua obra, nem sempre visíveis em uma leitura rápida e desatenta.

Resumindo, devemos dizer que as características básicas da concepção teológica de Lucas podem ser expressas por diversos aspectos: a forma tipicamente lucana do querigma; a disposição do material histórico obedece a uma clara intencionalidade teológica; a perspectiva geográfica de Lucas fixa a realização do acontecimento salvífico na cidade de Jerusalém. A "cidade de Davi" é ponto de chegada da caminhada de Jesus e seus discípulos, os quais partiram da Galileia. Sede do grande confronto entre as forças e estruturas de morte com Jesus e seu projeto, Jerusalém se transforma em ponto de lançamento para a caminhada da Palavra que, sob o impulso do Espírito Santo, move pessoas e comunidades.

Na concepção histórica de Lucas, o acontecimento Cristo finca suas raízes na história humana, com uma visão universalista.

A cristologia lucana com ênfase na soteriologia é uma das peças teológicas da sua obra. Lucas apresenta um Jesus eminentemente humano e, por isso, divino.

O acento posto sobre a atividade do Espírito Santo como motor da história salvífica é praticamente único em todo o Segundo Testamento.

A escatologia lucana diz que a parusia já começou com Jesus. Jesus não voltará somente no final dos tempos, pois já está voltando desde sua encarnação.

Dante Alighieri, autor da *Divina Comédia*, descreveu Lucas como *scriba mansuetudinis Christi*, isto é, "cronista da magnanimidade de Cristo". De fato, as qualidades de misericórdia, amor, atração, alegria e delicadeza que configuram a imagem de Jesus no terceiro evangelho tendem a suavizar uma apresentação mais rude dos outros evangelhos.

Para finalizar, citamos como eixos da teologia lucana alguns temas do terceiro evangelho: as parábolas da misericórdia, nas quais se devem incluir a dos devedores (Lc 7,41-43); do bom samaritano (Lc 10,29-37); da figueira estéril (Lc 13,6-9); da ovelha perdida (Lc 15,3-7); da moeda perdida (Lc 15,8-10); do filho pródigo (Lc 15,11-32); do fariseu e do publicano (Lc 18,9-14); e o encontro com Zaqueu (Lc 19,1-10); o episódio de Emaús (Lc 24,13-35); e a relevância das mulheres, que emergem em diversos momentos do ministério público de Jesus e da Igreja.

Bibliografia

Bock, D. L. *Luke,* Michigan, Grand Rapids, 1994.

Boers, H. "Traduction semantique, transculturelle de la parabole du bon samaritain", *Sémiot Bib* 47, 1987, pp. 18-29.

Bovon, F. *L'Evangile de Luc 1–9.* Paris, Du Cerf, 1993.

Combet-Galland, C. L'amour, au jeu de la loi et du hasard. La Parabole du "Bon Samaritain" et le débat qu'elle bouscule (Lc 10,25-37), *Étude ThéolRel* 71, 1996, pp. 321-330.

Costa, J. A. Atos de mulheres no movimento de Jesus: elas vieram para ficar! In: VV. AA. *Barreiras vencidas! Portas abertas!* Atos dos Apóstolos (16–28) e atos que os Atos não contam. São Leopoldo, CEBI, 2002. (Coleção A Palavra na Vida, 169/179.)

_____. Atos de mulheres no movimento de Jesus. In: VV.AA. *O Espírito de Jesus rompe as barreiras*; os vários "rostos" do cristianismo segundo Atos dos Apóstolos (1–15). São Leopoldo, CEBI, 2001. (Coleção A Palavra na Vida, 158/159.)

Cousin, H. *L'Évangile de Luc.* Paris, Centurión, 1993.

Daniel, C. Les Esséniens et l'arrière-fond historique de la parabole du Bon Samaritain, *Nov T* 11, 1969.

Dreyfus, F. Qui est mon prochain? *Assemblées du Seigneur* 66, 1966, pp. 32-49.

Dupont, J. *Pourquoi des paraboles?* La méthode parabolique de Jésus. Paris, Du Cerf, 1977.

Egger, W. *Metodologia do Novo Testamento*; introdução ao estudo científico do Novo Testamento. São Paulo, Loyola, 1994.

ELDEREN, V. Another look at the parable of the good samaritan. In: ELDEREN, V. *Saved By Hope,* Eerdmans Publishing Company, 1978. pp. 109-119.

ERNST, J. *Il vangelo secondo Luca.* Brescia, Paideia, 1985. v. 1 (1,1–9,50).

FEUILLET, A. Le bon samaritain (Luc 10,25-37). Sa signification christologique et l'universalisme de Jésus, *EspVie* 90, 1980, pp. 337-351.

FITZMYER, J. *El evangelio segun Lucas,* v. 3. Madrid, Cristandad, 1987.

GELDENHUYS, J. N. *Commentary on the Gospel of Luke.* London/Edinburg, Grand Rapids, 1956.

GEORGE, A. *Études sur l'œuvre de Luc.* Paris, Gabalda, 1978.

_____. Tradition et rédaction chez Luc. La construction du troisième évangile. *ETL* 43, 1967.

Hinos de Qumrã IV, 25-26.34-35; V, 9-10; VI, 20-21.

JEREMIAS, J. *As parábolas de Jesus.* São Paulo, Paulus, 1976.

JOSEFO, F. *Seleções de Flávio Josefo*; antiguidade judaica, v. 3., Acervo cultural, 1961.

KILGALLEN, J. J. *A brief commentary on the Gospel of Luke.* New York, Paulist Press, 1988.

KONINGS, J. *Evangelho segundo João*; amor e fidelidade. Petrópolis/São Leopoldo, Vozes/Sinodal, 2000. (Comentário bíblico NT.)

MONASTERIO, R. A. & CARMONA, A. R. *Evangelios sinópticos y Hechos de los Apóstoles.* Stella (Navarra), Verbo Divino, 1992.

MOSCONI, L. *Leitura segundo Lucas.* Belo Horizonte, CEBI, 1991.

NOLLAND, J. *Luke 1–9,20.* Dallas, Word Books, 1989.

PRETE, B. *L'Opera di Luca*; contenuti e prospettive. Torino, Elle Di Ci, 1986.

RAMAROSON, L. Le coeur du troisième évangile: Lc 15. *Bib* 60, 1979, pp. 248-260.

RIENECKER, F. *Das Evangelium des Lukas*. Wuppertal, Brockhaus, 1959.

RODET, C. La Parabole du Samaritain. Un indu pour la vie. *Sémiot Bib* 83, 1996, pp. 17-32.

SPINETOLI, O. *Luca*; il vangelo dei poveri. Assisi, Cittadella, 1982.

VASCONCELLOS, P. L. *A Boa Notícia segundo a comunidade de Lucas*. São Leopoldo, CEBI, 1998. (Coleção A Palavra na Vida 123/124.)

VV.AA. *Raio X da vida*; círculos bíblicos do evangelho de João. São Leopoldo, CEBI, 2000. (Coleção A Palavra na Vida 147/148.)

WENGST, K. *Pax romana*; pretensão e realidade. São Paulo, Paulus, 1991.

Sumário

APRESENTAÇÃO 5

INTRODUÇÃO 9

1. A OBRA LUCANA: DOIS VOLUMES INSEPARÁVEIS 11
   Quando, onde e em que língua Lucas escreveu? 15
   Composição do evangelho de Lucas 16
   Fontes de Lucas 16
   Estilo de Lucas 18
   Para quem Lucas escreve? 19
   Intenção de Lucas 19
   Esquema do evangelho de Lucas 21
   Esquema panorâmico dos Atos dos Apóstolos 24
   Algumas características das comunidades de Lucas 27
   Dificuldades internas e externas que afetavam
      as comunidades 29

2. TEOLOGIA DO EVANGELHO "DE" LUCAS E DOS
   ATOS DOS APÓSTOLOS 33
   Teologia da história em Lucas 33
   "Jerusalém" em Lucas 35
   "Salvação" em Lucas 37
   Ênfase de Lucas na teologia da história 38
   Grandes temas teológicos em Lucas 42
      Viver embalado pelo Espírito Santo 42
      Viver de modo orante 47
      Ser pobre, sim; ser rico, não! 50
      Os bens materiais 52

Os pobres na obra de Lucas (Lc e At) 53
Universalidade, sim; fechamento, não! 56
Mulheres protagonistas, sim; patriarcalismo, não! 61
Viver na alegria com entusiasmo 69
Ser compassivo e misericordioso, sim; insensível, não! 71

3. CORAÇÃO ABERTO E MÃOS SOLIDÁRIAS (LC 10,25-37) 73
Contexto literário de Lc 10,25-37 73
Contexto histórico de Lc 10,25-37 74
Delimitação do texto de Lc 10,25-37 77
Os personagens de Lc 10,25-37 79
Lugares em Lc 10,25-37 81
Tempo em Lc 10,25-37 82
Temática em Lc 10,25-37 83
Estudo literário 84
  Subdivisão do texto 84
  Introdução (Lc 10,25-28) 86
  "Episódio-parábola" (Lc 10,29-35) 88
  Conclusão do relato (Lc 10,36-37) 89
"Discordância" entre os versículos 29 e 36 90
Versículos-chave de Lc 10,25-37 91
O samaritano em relação ao sacerdote e ao levita 97
O dono da pensão no "episódio-parábola" 100
A identidade do próximo 101
Consequências das ações do samaritano 102

4. ECUMENISMO COM BASE NA OBRA LUCANA 105
Desapego de doutrinas 105
Rompimento e superação de barreiras 107
Comunhão "total" de vida 109
Superação de preconceitos 111
Abertura para o novo, o diferente, o excluído (At 6,1-7) ... 112

Não discriminar ninguém 113
Ajuda mútua e solidariedade conforme as necessidades ... 115
Princípios ecumênicos nas primeiras comunidades cristãs . 116
Inculturação 117

CONCLUSÃO.. 119

BIBLIOGRAFIA 121

Rua Dona Inácia Uchoa, 62
04110-020 – São Paulo – SP (Brasil)
Tel.: (11) 2125-3500
http://www.paulinas.com.br – editora@paulinas.com.br
Telemarketing e SAC: 0800-7010081